大展好書　好書大展
品嘗好書　冠群可期

大展好書　好書大展
品嘗好書　冠群可期

宗教・數術 4

禁忌遊戲

——愛的魔法

酒井潔／著
蔡德華／編譯

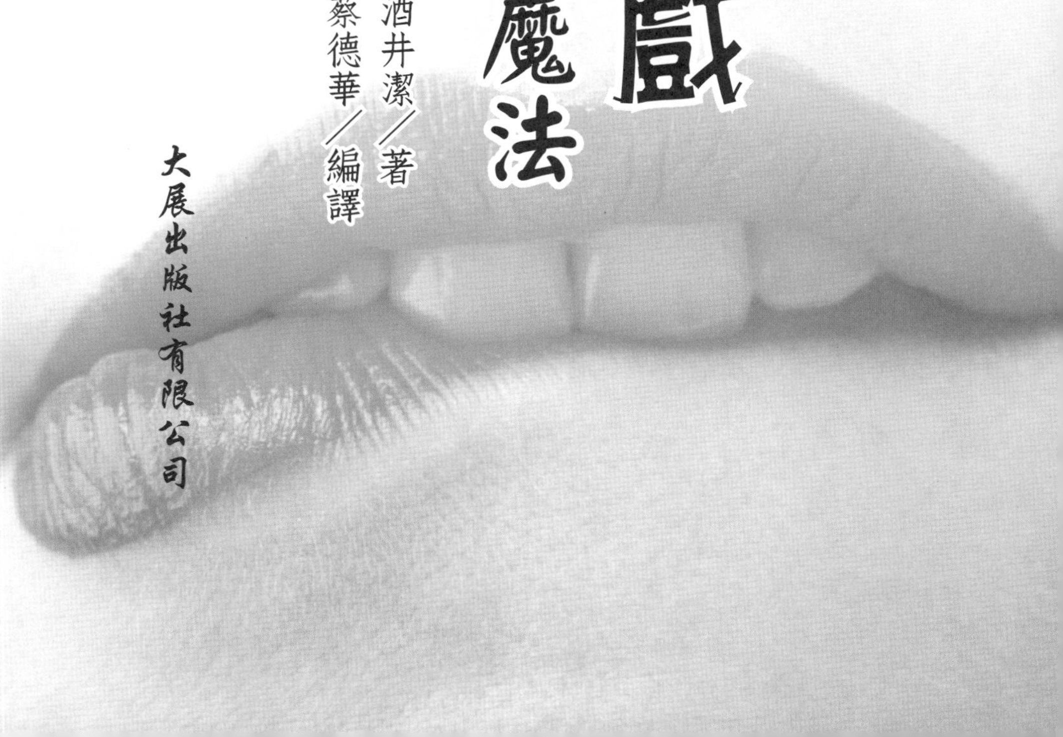

大展出版社有限公司

概　說

《禁忌遊戲》係日本編輯家、著述家、翻譯家——酒井潔在一九二九年所寫的有關於魔法方面的著作。到了一九七〇年代以後，過去在日本想像不到的有關魔法或神秘學的著作，又開始繼續刊行，形成了連年輕人都會玩占星術或塔羅牌的風氣。

但在八十多年前，根據歐洲有關這方面的知識，非常有耐心，繼續不斷研究的人，就只有酒井潔一個人。他不但對於歐洲的文獻有著極豐富的知識，同時對於在昭和時代出生的這一代人所缺乏的日本古典文學和漢籍，也有相當深的研究。這種學問到了現在，反而使人感到新鮮，而對這種學問加以重視。

酒井潔並不是一位保守和古板的學者，他是一個極風趣、純粹想讓讀者快樂的人。雖然他是一位研究色情這方面學問的專家，但他卻是一位對女性毫無興趣，而且非常老實拘謹的紳士。由他的照片看來，他的天庭非常飽滿，就像外國人那樣，具有特殊的風貌。

《禁忌遊戲》，也可以當做一種博物誌來看。凡是對色情或魔法有興趣的人，不管東方人或是西方人，都會喜歡看博物誌，酒井潔也是如此。讀了本書有關花語、夢、寶石那三章後，讀者一定會發現這種事實。

一般人所謂的有關魔法神秘學或色情方面的知識，如果合併在正統學問的體系中，它的趣味性就會減低了。所以，我們應該持著與研究神怪小說一樣的愛好文藝的精神，去研究這方面的知識。這種研究的態度，可以稱為一種嗜好的精神。

目錄

第七章 詛 咒

第一章
花語

一、花的效用

花語，花的字典、關於花的傳說。收集花的資料編成書，可能有好幾種，我現在若再記述花的字典，不就像屋上屋般的多此一舉，因此，這不是很好的辦法。請讀者參考其他有關花語的書籍，在此，我將提供與眾不同的方面：

夏托布里昂說：

「花是早晨的姑娘、春天的魅惑、芳香之泉、處女的優雅、詩人的愛。」

不論是歡喜，或是悲傷，花總是陪伴我們，永遠在我們身邊。人類最愛花，誠心誠意的把花獻給心愛的人——愛慕的女人、可愛的未婚妻、溫柔的太太。人們以花裝飾家庭，襯托陽臺，佈置莊嚴的祭壇，不論把花擺在那裏，都叫人心滿意足的喜悅。

情書上，留有花香，花就是書籤，花真是全能的。

花語……十七歲的小姑娘收到情人送的花束，能瞭解到花的含意，嬌羞的臉蛋兒，更加紅嫩。這是人類發明的最美麗動人的通信方法。

二、花語通信

有關花語通信法是如何形成的呢？傳說是：

很早很早以前，有位年輕英俊的阿拉伯青年，他很貧窮，卻深深的愛慕拉加的公主。女神也受到他真情的感動，而幫助他，告訴他送花來傳達愛慕之情。這花語，聽說就是他發明的方法。

兒手柏＋添姑草＋雁來紅＋石竹＝我的心不變——有沒有希望？——我愛你至死——我的愛情最堅忍不拔的。

麝香草＋迷迭香＋蒴藋＋白茉莉＋旋花＋木犀草＋鼠麴草＝我的心很亂。如果你來可以解除我的苦惱。

你可以安慰我的痛苦。你真可愛。你的美麗令我感動。你的氣質更增添你的魅力。我是永遠屬於你的。我對你的愛無盡。

不可否認的，阿拉伯人真是天才。寫不出愛情謎語和情詩的男人，是沒有資格談情說愛的。不信的話，請閉上眼睛隨手翻一頁天方夜譚，你將可看到字裏行

間充塞著情愛的謎語和甜言，交織成篇。

三、東洋、中世紀、現代花語珍貴的對比圖表

涵義	東洋	中世紀	現代
忘卻			白頭翁秋牡丹
不在			若艾
巧妙		金雀兒	
愛慕			地榆
牽掛			牽牛花
親切			茉莉
苦悶		排香草	
友情	風信子	藤	桃金孃
感謝			甜菊
愛			常春藤
純潔的愛	白紫羅蘭花	白紫羅蘭花	刺槐
獻身的愛			斗篷花

煩悶		紅薔薇	
今日	紅紫羅蘭花		
大膽	山毛櫸		白揚
未來	白紫羅蘭		
美	紅紫羅蘭	紅紫羅蘭	蜀癸
好意			風信子
吉便		蒿苣	菖蒲
親切	鈴蘭	Mayonasa	馬鈴薯
可憐	木犀草		
慰藉			松雪
不變	白薔薇		月季花
休暇	迷迭香	白薔薇	
愛的同意		迷迭香	
恐怖	薄荷		白粉花
愛的許諾	雛菊	白薔薇	長壽花
輕蔑		苔薔薇	薊

明白	白紫羅蘭		
絕望	線杉		線杉
識別	忍冬		
高雅	向日葵		榆樹
順從			白石竹
苦痛		辣椒	
激勵		麝香草	
妻	桃金孃		
希望	薄荷	白色紫羅蘭	山楂子
永遠的愛	愛春藤	初斷的迷迭香	白仙鼠麴草
至福			刺槐
忠實			忍冬
兄弟	蓮馨花		
誓約		百合	
寬大		紅玫瑰	柳丁葉
秘密			水晶花

昨日	紫羅蘭		
恥辱			芍藥
節約			菊苣
男子	石竹		
輕薄			蒲公英
忘恩	常春藤	常春藤	
不正			蛇麻草
天真	鈴蘭		
泥醉			葡萄木
嫉妒			葶藶
我	Niacis		
庭園	茉莉花		
初戀			山慈姑
少女	薔薇		
快樂	白頭翁		油菜花
日	雞頭		

愛的關係			忍冬
勿忘我			勿忘草
醫師	加密爾列		
憂鬱			朽葉
死	桜草		
船	天竺葵		
殘忍			黑檀樹
夜	罌粟		
忍耐	加密列	青藍色紫羅蘭	松葉菊
堅忍		麝香草	槲寄生
羞怯			杏
過去	紫羅蘭		
哭泣	迷迭香		巧葉
散佈	石龍芮		
監穿	罌粟	罌粟	
純粹			百合

慎重			金盞花
拒絕		苔玫瑰	金銀花
秘密		法國玫瑰	石長生
沉默			白薔薇
兵士	金鳳花		
長上	夏水仙		
回想	白色罌粟	紫羅蘭	琉璃草雁來紅
浪費時間		三色堇	
愛的苦惱		金雀兒的花	白粉花
拋棄	蕁麻	蕁麻	毒人參
鰥夫寡婦	三色堇		松蟲草蘿蔔
訪問	西班牙素馨		
旅行	還亮草		
肉體快樂			夏水仙
罪			毒麥
德			薰衣草

四、花鐘錶

世俗人……雖然是不太禮貌的稱呼，卻是恰當的。當我們帶著一只精工錶、或亞米加錶時，就神氣了許多。其實，最值得自豪的，不是你擁有名錶，也不是你能正確的認出時刻來。最最神秘的是，情侶們可以花來代表時鐘，而能在旁人不懂的情況下，瞭解花的時間，我們稱之為花鐘。因此，戀愛中的男女需要知道以下的花所代表的意義。

舉個例子說，有一位聰明的女孩，她的家庭管教極嚴，母親監視她的一舉一動，不准她隨便出門，但是，她最近墜入情網、深深的愛著一位英俊的男孩，今晚七點有一場音樂會，她想在母親不知道的情況下，告訴窗外的男孩一同前往欣賞。這時，她該如何才好呢？

請放心，因為他們倆都熟悉花鐘，所以，這位伶俐的女孩子，不動聲色的，端一盆像蕃紅花顏色的萱草放在窗臺上。你猜如何？到了晚上七時，他們一起欣賞音樂會，而且渡過一個美好的夜晚。這都是花鐘的幫忙啊！

以下，舉出幾種花，和它們所代表的時間。

上午 一時 阿羅尼的萵苣

上午 二時 黃色婆羅門蔘

上午 三時 大的毛連葉

上午 四時 旋花（早晨開的牽牛花）

上午 五時 屋頂上的夏生匹洛花

上午 六時 黃色的拉巴門蔘

上午 七時 睡蓮

上午 八時 紅色繁縷

上午 九時 野的金盞花

上午 十時 義大利蕪花菊

上午 十一時 百合

上午 十二時 寒帶的無花果

午後 一時 繁殖石竹

午後　二時　紅色的克列匹克花
午後　三時　蒲公英
午後　四時　尼圭那支拉花
午後　五時　白粉花
午後　六時　天竹葵
午後　七時　萱草
午後　八時　旋花
午後　九時　馬拉古多的尼古拉花
午後　十時　鮮紅色的旋花
午後　十一時　晚上開花的瞿麥
午後　十二時　開很大花的仙人掌

有些花，市面上買不到，所以，不一定要買真花，以假花代替也可以，抑或是把花名寫在紙上，則可互通消息，人約黃昏後。

第二章
有關愛情的夢

一、有趣的夢

占夢，我的意思並不是要現代人的各位來相信占夢，可是，在短夜中，惡夢連連！或是長夜中夢到自己和愛人談情說愛到天亮等等，這些夢境的神秘性，使得人們需要夢到喜愛的夢。

彼耶魯・達魯布雷著的書《愛的生理學》中，說明有關性慾夢的重大影響，現在我摘錄其中的一段。

有一位貧窮的埃及人，愛上當地有名的妓女阿奴基蒂斯後，他情願把自己的一切都送給她，來交換一夜的風流。但是這傲慢的女性拒絕了他的要求，可憐的男人，滿懷感傷的到了維那斯的像前許願，希望能在夢裏和她盡歡，女神應許了他的願望。在做了一夜美麗的夢過後，他把奇遇告訴好友，他的朋友覺得很有趣，就一傳十，十傳百的把事情擴大，鬧的滿城風雲。

最後傳入阿奴基蒂斯的耳裏，她氣極了，不願平白無故被佔便宜，她告到法官那裏，要求這位可憐的年輕人賠償代價。聰明的法官說：「那麼請妳也向女神許願，在夢中要回代價吧！」來平息了妓女的訴怨。

※　※　※

在羅馬也有一種風氣，如果你要夢的好，就必須虔誠的到寺院裏許願。有個女孩，純真清白，入世不深，心裏暗戀著一位傲氣很重的年輕人，她到寺院裏去祈禱，願能在夢中看見那位年輕人。

果然，她夢到他了，但是他粗魯的逼迫她、太過於熱情的佔有她，這純潔的女孩醒了以後，立刻回到寺院中，請求神恢復原來彼此不相識的狀況。

※　※　※

在波魯達斯・聖安德烈祭日的前一天，女孩子們如果想見到未來丈夫的長相時，可在睡前站著拜九次，跪著拜九次，坐著再拜九次，一邊唱著：

「聖安德烈，

在你的祭日時，

我將種下亞麻，

不知誰要摘下亞麻，

請你告訴我。」

另外還有一本書，我再引用其中的兩種方法。那就是可以在夢中見到有趣的夢境，有信仰的人，且試！

1. 欲在夢中見到男女裸體的秘方

雄鹿的精液½盎司、燒黑的野狼頭骨三盎司、愛琴海的紅色矽土（藥用品）一盎司、亞美尼亞的矽土和肉荳蔻的果實二特拉克姆、克田干都膠二特拉克姆、硝石½特拉克姆，將七種粉末混合在一起，在睡覺前撒散在頭上。

（註）特拉克姆是希臘的單位名稱，一特拉克姆，等於現在的三〇·二四公分。

2. 夢到和異性做愛的境界

蘇丹尼（旋花科）、羅馬的加密爾列（菊科）的灰三盎司、鱈魚的骨頭、烏龜的殼三盎司，放入五盎司的公海狸脂肪和二盎司的青色丹尼（春季的第一天採下的）油中混合。再與六盎司的蜂蜜，和罌花、盛開的薔薇一起煮，在夏季的白天中拿出來曬乾，最少需要二個月的時間。冬天時，把這些曬乾的混合物貯藏在一個乾乾淨淨的洞穴裏。雖然製作的過程，是有些麻煩，但是如果把這些材料正確調合成功，以便宜的價錢出售，將比所謂強精劑暢銷得多。

二、夢的辭典

〔**蜜蜂**〕夢到蜜蜂刺穿巢窩，將有順利的婚姻。

〔**通姦**〕辦事不順利，應該順其自然發展。

〔**針**〕如果線穿過針孔，則可以自由的做愛或是結婚。如果針刺到自己的手，則有懷孕的可能。

〔**腋下**〕最近將有性方面的滿足。

〔**哺乳**〕順利生產。

〔**點蠟燭**〕戀愛成功。

〔**驢**〕騎著驢，則表示他的太太或愛人會懷孕。（東洋式的解釋）

〔**戒指**〕最近將有喜事，或得到性的滿足。如果女性夢到戒指會生女孩。

〔**被堵住嘴**〕表示有人背棄你。

〔**接吻**〕與年輕的女性擁抱。這預兆顯示有不謹慎的戀愛。

〔搖籃〕夢見送搖籃給愛人，則會與她發生性關係。
〔花蕾〕可得到最心愛的女人。
〔折斷手腕〕近親死去的前兆。斷右腕是男性近親死去；斷左腕是女性近親死去。
〔不和〕這倒是好預兆。
〔轎子〕如果她的日子空閒無聊，則表示有夫妻不和或是離婚之事發生。
〔斑鳩〕這是惡兆。不和、不誠實的前兆。
〔鴨子〕如果夢到養鴨、獵鴨，或吃鴨肉，則會和愛人意氣相投。
〔小刀〕不誠實的前兆。
〔腰帶〕近來有救出墜落女子的機會。
〔棺材〕如果夢到棺材中有生存的女性，就會和那位女性結婚。（東洋有名的占夢）
〔櫻桃樹〕會產生櫻桃樹般，叫人滿意的愛情
〔房間〕對單身漢來說，會和女性通姦，或與喜愛的女性做愛。

〔駱駝〕對年輕的女性來說，有結婚的可能。（東洋傳說）

〔帽子〕可能會有喜事，與熱切愛自己的男性結婚。

〔貓〕可能和別人通姦。或是要受到權力壓迫（Haltl）。夢見女（男）性愛撫貓時，會遭到他人取笑。如果看了生氣的貓，則有打架的事件。

〔母山羊〕夢到白色的母山羊，會移情別戀。

〔鞋類〕如果是華麗昂貴的鞋子，那麼最近你將和一位女性發生關係。

〔襯衫〕如果夢到很短的襯衫，則會過著豪華的生活。

〔馬〕夢到騎馬，是好的前兆，有喜悅的愛情。

〔黑髮〕你會受到別人歡迎，夢到白髮有生兒子的可能，或是有不誠實的丈夫。

〔小山羊〕懷孕的婦人會順利的生產。

〔狗〕被狗咬到——表示你有敵人，夢到母狗則要小心輕薄的女性。（東洋的說法）

〔心臟〕夢到自己患心臟病——愛人會生病。

〔**首飾**〕琥珀製的——戀愛會成功。珊瑚製的——最近和愛人在一起。真珠製的——表示和睦。

〔**銅**〕不知不覺的激起愛意。

〔**跳舞**〕這是壞的愛。對女性來說，將發生羞恥的事件。對年輕男性來說，發生感情上的苦悶。

〔**戀愛的告白**〕將有遊戲人間，逢場做戲的感情。

〔**牙齒**〕長牙——會懷孕。掉牙——有喪事。

〔**絨布**〕夢見白色絨布——有喜事。

〔**決鬥**〕與吵架、打架相反時，是個非常惡劣的夢。

〔**水**〕丈夫弄翻太太手中的水杯，表示太太有懷孕的前兆。

〔**巨蟹宮**〕有離別之事。

〔**松鼠**〕受到配偶的誘惑。

〔**小孩子**〕夢到小孩子吃奶，是懷孕的前兆。夢到孩子出生，表示家族間有困擾。

〔埋葬〕近來有喜事。

〔劍〕夢見年輕女性被劍砍傷，會有戀愛發生。

〔星星〕好的戀愛前兆。

〔雉雞〕與外國人戀愛。

〔分割〕增加小孩，螞蟻增加。

〔妓女〕這個夢不會有害處。但是如果夢到與妓女在陋屋中做愛則不好。

〔鞭打〕婦人夢見，會有麻煩事。自己打晚輩，則會有很大的利益。如果夢到鞭打自己的太太或戀人，則會受到他們欺騙。

〔草莓〕將得到親切的愛情，受到女性幫助。在你的生活中會和女性意見相投。

〔果實〕夢到採摘季節以外的果實，會有感情上的障礙。

〔點心糖果〕得到肉體上的快樂。

〔羚羊〕若羚羊威脅你，表示太太會起革命。如果獵取羚羊，則獲得美人心，若以石頭擊羚羊，你可能會打太太。拿劍攻擊羚羊，表示太太會順你意。若

夢中捉羚羊，則表示有幸福的婚姻。若殺死羚羊則會和太太以外的女性發生關係。（東洋占夢術常見。在西洋很少有關於羚羊的夢）

〔**皮製的袋子**〕情敵會成全你們倆。

〔**美食大餐**〕你可通宵做淫猥的事。

〔**石榴**〕與發生過關係的女性戀愛。

〔**蟋蟀**〕在感情上有很好的情操。

〔**吉他**〕你將對他人表示愛意。也許他人將對你表示愛意。

〔**後宮**〕與後宮美女發生關係，近來將有惡運。（東洋占夢）

〔**刺蝟**〕愛的承諾。

〔**脫腸**〕夢見女性脫腸，她將冒著墮胎的危險。

〔**雲雀**〕單身漢有結婚的可能。

〔**亂倫**〕如果夢到自己亂倫，與孩子戀愛。則表示家中的不合將結束。

〔**庭園**〕在東洋，夢到庭園就代表睡覺的女性。若庭園下雨表示是懷孕的預兆。偷採庭園中的果實，可能有亂倫的戀愛。

〔年輕的女性裸體〕幸福的象徵。如果她打你，是吉兆。她接受你送的花，則表示有戀愛的可能。如果你收到拂手相，你將會為那位小姐痛苦。如果擁抱她，表示吉兆。你彈掉她衣服上的污垢，表示你將救她脫離苦海。如果那位小姐為你準備床，你可以和她同床。（Halil的看法）

〔牝馬〕在東洋，夢到你騎著牝馬，表示有位女性將帶你到壞的地方。夢到牝馬生產，會有做愛的可能。

〔勞動〕幻滅，徒勞的預兆。性能得到滿足，快樂。乳，懷孕。

〔月桂樹〕與在夢中把樹枝交給你的女性戀愛。

〔常春藤〕女性拿常春藤，表示那女性短命或者有短促的愛情。

〔床〕表示生病，但是，如果是新床，則有戀愛產生。

〔月〕表示戀愛，若是滿月，女性將有嶄新的愛情。

〔百合〕失敗的前兆，或是某一個人不道德，或是太太不守婦道。

〔結婚〕自己結婚——死的前兆。參加別人的結婚典禮是惡兆。女性若在夢中與一位溫文有禮的男性結婚——你們倆將是情侶。（Thyebus）

〔鏡〕夢中照鏡子——是結婚或懷孕的前兆。

〔山〕與其他情形一樣，戀愛很難成功。如果夢中，自己在月光下很順利的爬山，是愛情順利的前兆。

〔死〕吉兆。夢到死人——有結婚的可能。夢到懷孕的人死——將可平安生產。

〔麝香〕得到性的快樂、愉悅的生活。

〔桃金孃〕有位優雅的婦人來訪問你。

〔雲〕將產生戀情。

〔婚禮〕不吉利。將勇敢的放棄愛情。

〔裸體〕夢中見到男性或是自己裸體，是惡兆。女性夢見女性裸體，可能有假藉她人的慾望。

〔眼睛〕夢見眼睛受傷——惡兆。若是夢見漂亮的眼睛——將有戀愛的機會。

〔雞蛋〕夢見吃雞蛋——會有破費的事。若夢見打破雞蛋——有機會愛上一位處女，或是女性愛上一位年輕人。

〔鳥〕有美好的戀愛。

〔柵〕負擔了戀愛的障礙。

〔籠〕家族增加，不一定是自己的孩子增加。

〔蝴蝶〕有愛情產生，而且是刻骨銘心的戀情。

〔抽籤〕不和，與周圍的人有爭執。

〔鷓鴣〕愛的前兆。女性是愛的吉兆。男性則是得到很多的財產。

〔珍珠〕如果夢見的是一長串的珍珠──最近有與女性共歡的事。

〔寶石類〕祖母綠──分享愛情。

琥珀──自己深愛的女性也相對的愛你。

變色的祖母綠──將有很美妙的情操。

石榴石──會令你感動、幸福的愛情戀曲。

碧玉──滿意的戀愛。

藍寶石──好事的前兆。

蛋白石──事情不會成功，會失敗。

蛇紋石——情人將懇請你，這是愛情的手段。

〔鳩〕夢見鳩飛——將有可愛的情人。捉到鳩——會結婚。鳩飛了——捉不回來，那麼合作的計劃將不會成功。

〔哭泣〕戀愛的滿足。同樣的若有糾葛——會圓滿的解決。

〔魚〕夢見一條魚——是結婚。二條是重婚——或是沒有得到公認的愛情是吉兆。

〔梅〕戀愛會勝利、成功。

〔修補〕夢到修補太太的衣服，將成為太太的奴隸。

〔葡萄〕吃了成熟的葡萄，會有喜事。

〔狐〕捉到一隻狐——沒有結果的愛情。如果和狐一起生活一起玩，就會與性格上很壞的女性結婚。

〔玫瑰〕與送玫瑰花的人結婚。

〔註〕在道克拉斯所拍的一部「巴格達盜賊」中，有位巫女，她以砂子吹出一朵玫瑰花，告訴美麗的公主說，誰摘下這朵玫瑰花，誰就是妳的丈夫。

〔請安〕在夢中對女友的父親請安，可以娶到她。

〔蠍〕夢見情夫的床上有蛇蠍，表示被情夫拋棄。

〔乳房〕漂亮高挺的乳房——對男性來說是吉兆。見到受傷的乳房——年輕女性會有戀情。夢到有位女性有很多乳房，那位女性是淫蕩。

〔小月曲〕你最近將有嫉妒的動機。

〔渴〕若夢到一位女性想盡辦法解你的渴，對未婚的男女來說，戀愛會成功。

〔風箱〕從一位婦女的手中接過風箱，表示可以得到她。

〔鼹鼠〕你的情人是偽善的。

〔龜〕有位老太婆會妨礙你。

〔雉鳩〕你的戀愛會破碎。

〔小牛〕懷孕。

〔Vereg〕這個字的意思解釋為——一小撮樹枝製成鞭子，是吉兆。被枝鞭打——在平常所遇到的事上會順利，算是吉兆。

如果這個字解釋為男性的陰莖，即如雷夫耶斯的判斷：「如果那很強、很大，表示有財產，反之則少田產。如果一個人夢見二個陰莖，表示你所辦的事效果加倍。但是並不包括太太和情人，為什麼呢？因為一次要使用兩個男性陰莖，對他是一件不可能的事。」

〔火山〕活火山是熱情。死火山——冒險的愛情。

〔蝮〕夢見太太乳房上有蝮，而太太一點也不怕，就表示她淫蕩、猥褻。

三、《芬芳園》中的夢判斷

古典名籍《芬芳園》，這本書中也有很多有關愛情的記述，在此，提供各位參考。

1. 男性性器樣相

在夢中被割去陰莖——不能長壽。

夢到胡妄——表示女性性器的恢復。

哈倫耶魯阿西都的教主，有很要好的妃子，有一天教主到後宮，正巧那位妃子生理期，他只好到別的妃子房間。過了幾天，她命令一位黑人奴婢送一個上面放著胡荽的盤子，拿去給教主。

當時，教主正在與別的妃子取樂，他看到胡荽，摸不著頭緒，他下令請一位詩人來解釋其中涵義。詩人唱道：

「你送來的砂糖和胡荽，
現在在我手掌上。
藏在你心裏的意思，
我瞭解，
我瞭解你的暗示。
噢！教主。
她已經恢復正常。」

（註）胡荽是古中藥書上的一種草，就像鹽保存肉一樣。製乾肉或是以香料醃肉（Khelia），可以保存一年以上，胡荽可使用為興奮劑，有宣發痘瘡功用，也可用來排出腸內的空氣。

2. 女性性器樣相

夢見女性性器可消除煩惱，麻煩也可解決，原先很窮可轉為富。見到女性性器是開著的——是吉兆。見到處女——則是惡兆，因為這表示希望之門還閉著。

夢中看到一位男性和一位年輕的女性做愛，又看到女性的性器，則表示做了某件事失敗後，還會有好的結果。

如果夢見和一位年輕女孩做愛，又見到她的性器，那麼，你遇到最困難的事業也會順利完成。

夢到做愛的夢，表示你事情將會成功。如果夢到做愛後事業成功的夢，你的事業則相反的會失敗。

如果夢中，自己做了宗教上禁止的亂倫事，那麼你會前往聖地麥加，到穆罕默德的墓上膜拜。

如果夢到新的窗戶和鞋子，則表示將娶到年輕的女孩；若是舊的，可得到年紀大的女性。

四、朝鮮的占夢

下面引用金村鞆氏的名著《朝鮮風俗集》，看看朝鮮的占夢。

金村氏說：

「在朝鮮、暹羅時代，官制上奉侍卜師。高麗的官制上有卜博士。到了李朝，因為目睹以前的高麗陷入女性的弊害，李朝的大宗王於是下了決心，絕對的把筮教等等迷信之物燒去，雖然一時杜絕了弊害，但是迷信卻不是權力可以遏制的。由於人性的弱點，使得筮卜又在宮中風行，近年來，在朝鮮雖然沒有把占夢當做專門職業，不過，請筮卜占夢，或是自己占夢，在民間仍然流傳者。正史上埜史雜書等也有此類記載，所以，是一個毫無疑問的事實，現在，筮卜已隨著人類日漸文明的生活而漸漸消失，沒有古代那麼風行，但是，有高知識水準的兩位最高負責人，他們也認為夢與吉凶禍福之間有某一種密切的關係。請卜師（盲人）或是占術師（非盲人）來占夢的人，仍然沒有斷絕。在買了新房子、喬遷、結婚的隔天，或是正月初一的慶典節日，要與對方打招呼時要問：『有沒有在夢中看到龍？』被問的人就應該回答：『看到了。』不管有沒有看到，這已經成為普通的社交辭令。因此，我們可以很明顯的知道朝鮮是從古代就非常重視夢。」

愈來愈信仰占夢，雖然這是民俗的傳說，但是亦有許多人相信占夢是吉凶禍福的前兆，現在我收錄在此：

金村氏把夢分為以下幾類：

（一）有關天體氣象。（二）有關植物。

（三）有關人體。（四）有關房屋。

（五）有關衣服器具。（六）有關日常行事。

（七）其他。（八）有關動物。

我舉其中之一、二：

（一）有關天體氣象

看見明月……生女兒。

月亮入懷中……生貴女。

見太陽……生男孩。

見日月進房間……生貴子。

日月合一……生男孩。

（二）有關植物

落花……喪妻。

得到麥子……生女孩。

捨粟……生男孩。

得到桃子……生女孩。

得蓮花……生女孩。

吃桃李……有爭論。

吃棗子……生貴子。

（三）有關人體

見到婦人的影子……會失財。

（五）有關衣服器具

妻子穿的華麗……生貴子。

得到簪……生男孩。
得到戒指……生女孩。
釵釧相叩……與妻子別離。
得到鐵器……家內有爭吵。

〔六〕有關日常行事

與婦人同坐……大吉。
婦人與你同床……凶。
夫婦相拜、宴會……有離別之事。
和家人喝酒……有爭論事。
抱兒女……爭論。
在床上男女沐浴……凶。
與美人遊戲……有爭論。

〔七〕其他

送糧食給僧侶……動胎氣。

辦喪事時兒童在旁……娶妻。
摸觸到排泄物……富貴。
呑珠……生女孩。
弄小石頭……生男孩。
水流湍急……有喜氣。
橋斷……有爭論事。

（八）有關動物

夢見蛇……生男孩。
龍、騎龍登天、龍朝著人過來、見龍得珠……考上科舉。
虎咬人……生男孩。
抱熊……生男孩。
見大牛……生孩子。
鶴入懷中……生貴子。
有關「夢話」說的太冗長，現在談些較輕鬆的事。

五、《好色的珠寶箱》春章作

為了做好夢，而許願。長夜熟睡後，一覺醒來，聽到浪聲，澎湃有力。

●見黃鶯停在梅花樹上

心情開朗、所想的事都會成功、與衣裝有緣。見到熱愛自己的男人，可以白頭偕老。

說親……嫁貴人。

旅行……平安無事。

等人……來得遲些。

回家……大吉。

升官發財……女性則是好預兆。

嫉妒……暫時而已。

初戀……有緣分。

思念……有憎恨。

移情別戀……不能看到真相。
不公開的交往……沒有障礙。
找愛人……要等待。
等愛人……太遲了。

●看見鶴

將得到土地，對女性來說是喜事，而且很快會結婚生孩子。

●看見馬如看見鶴一樣

未婚妻……心正直。
相親……有喜事。
侍奉人……有衣服穿。
輸贏……得到寶物。
嫉妒……崩潰。
平安生產……是平凡的男性。
等丈夫……太遲了。

覆函……諂媚。
不公開的約會……快有眉目了。
和愛人相見……要慎重。
找愛人……有時候會陷入圈套中。

●見到龜鶴一起玩，是大吉

天賜大福，女性將被萬民擁戴，地位高的人會提拔她，無論何事都可靠。
立願……應驗。
旅行……好。
願望……很快實現。
求事……有障礙。
覆函……很快。
失物……有意想不到的事。
愛人……能白頭偕老。
奇妙的男性……有緣分。

尋找愛人……心情開朗。
兩人相愛……有人嫉妒。
初戀……會感到愉快。
請假……萬事如意。

●行船

有勇氣、事業會完成、幸福、女性則有很好的衣服穿，有好的姻緣，可以對神仙許願。
許願……確實會達到。
接到信函……大吉。
生病……很快康復。
旅行……好。
替人做事……會出人頭地。
回信……很快出人頭地。
相親……要等待。

思念……順利。

許願……會應驗。

賭注……會贏。

等愛人……會來。

忘卻的戀愛……有成就。

●夢見雞在晚上啼

家族內有爭論。女性會與丈夫不和、時常回娘家、有信仰。

失物……確可找到。

生病……不好的預兆。

信函……三天之內。

申事……可以。

煩惱事……可解決。

賭注……贏。

相親……拖時間。

不公開的情侶……有誠心。

等人……會來。

愛慕的人……沒有障礙。

憎恨的人……沒有緣分。

嫉妒的事……原因很難說出。

●夢到與愛人相逢

有很多衣服、財寶豐富、夫妻合、長命長壽、有好的下一代，家庭繁榮。

許願……有利的應驗。

調解糾紛……有爭論事。

覆函……有喜事。

嫉妒……暫時而已。

見面……女性將結婚。有病，會康復。

平安生產……生男。

說媒……幸福。

消息……晚一點來。
與愛人見面……有喜事。
等待愛人……會來。
不公開的交往……許願的事會達到。

●牡丹花

得到他人偏愛、好命、幸福、有聰慧的兒子、有富貴的家。
供別人吃住……很長的緣分。
心想的事……有人會告訴你。
生病……與愛人更濃密。
失物……最後找到。
調停……可以委託他。
嫉妒……同事之間有嫉妒。
說親……成功。
消息……快來了。

晚上等人……會出現。

別離的晚上……慢些時候。

不公開的情侶……沒有障礙。

與愛人約會的晚上……若有真情，兩人合好。

六、《逸題》墨榴枕木（作者不太確定，可能是春章）

在夢裡見到春天的景色──

與愛人將海誓山盟，是喜事。

夢中見到天亮──

將有互訴怨屈的愛情。

夢中頭髮亂亂的──

將被他人懷疑。

夢見打破屏風──

與異性在郊外做愛。

夢見剪布——
將嫁個好丈夫。
夢中打破鏡子——
將有畸戀的煩惱。
夢中纏毛線——
將接到很長的情書。
夢到花凋謝——
將遭遇無來由的煩惱。
夢見一位高鼻子的男人——
一生將有性的高潮。
夢見綁和服上的腰帶——
與愛人做愛而且懷孕。
夢見梳頭髮——
會被一名強壯的男子強行摟住。

夢見把信錯看成一本書——

將有個懷疑心強的丈夫。

夢見一把女人的梳子——

有平淡的愛情。

夢見對神祈禱——

將有性慾很強男性來做愛。

夢中聽到淨玻璃——

將遭遇危險的愛情。

夢見月亮照射馬路——

將遇到一位體貼的愛人。

夢見喝酒行樂的事——

將與一位男人發生關係。

夢到看戲——

將與愛情聖手戀愛。

夢見行船——
與體貼的男性海誓山盟。
夢見走一條寂靜的路——
將有一位年紀大的人與你戀愛。
夢中與人發生糾紛——
將被人由後擁抱。
夢中被老鼠抓著——
秘密的與愛情聖手往來。
夢見穿紫色的衣服——
將遇見一位強壯的男人。

第三章

寶石的魔法

一、寶石的象徵和效能表

名稱	象徵	效能
金剛石	和睦和愛情	給你忠實
石榴石	誠實和淡泊	給你誠實
紫水晶	幸福和財富	給你勇氣、防止宿醉
碧玉	勇氣和智慧	誠實、婚姻美滿
藍寶石	真實清白	懺悔過失
祖母綠	忠實的愛	預知未來
瑪瑙	繁榮長命	給你健康
鑽石	清淨無垢	化險為夷
琥珀	比任何人都溫柔	心想事成
月長石	純潔的愛	愛情更甜蜜
貓眼石	變心	幸運到來

孔雀石	再會	趨吉避凶
紅寶石	美、優雅	防止愛有過失
紅瑪瑙	善好和平	防止心情惡劣
黑瑪瑙	光輝的你	給你堅定心
蛋白石	祈禱甜美	增加誠實感
黃晶	熱烈的戀愛	預知惡夢
土耳其古玉	勇氣和希望	確知戀愛的結局
橄欖石	天真快樂	單純謙遜
貴橄欖石	雷擊	好的結合
綠柱石	青春和健康	確實的不變

寶石在古代時期，就被人們用在醫療和魔法上，他們相信寶石與星辰之間有相當的神秘力。發明了寶石類的表象和效能，現在我們暫時不談醫療的方面，先談寶石在愛情魔法方面的性質和效能。

綠柱石——掛在耳朵上，可以得到愛情。

珊瑚——預防流行病，愛人死時，顏色會褪去。

紅瑪瑙——預防破滅和背棄。

貓眼石——預防邪視。

橄欖石——預防太太背棄，增添愛情。

紅寶石——破除悲哀和愛情苦惱。

黃晶——報仇憎恨的護符。

白色寶石——表示清靜和忠實。

紅色寶石——熱情和力量。

青色寶石——不變和福祉。

黃色寶石——尊敬和順從。

綠色寶石——希望。

紫色寶石——熱情和苦痛。

橙黃色寶石——熱心、癡戀。

紫丁香色寶石──戀愛的手段。

對每一個寶石的表象和效能，也是不一樣的，按照時代和國家多少有些不同的差異。

碧玉──妓女的寶石，給予愛情。

紅玉──破滅的戀愛（明顯的與前表相反）。

黃晶──激情，提高男性力量，護符。

透明石膏──寵愛。

貴橄欖石──智慧之石，預防愚蠢的戀愛。

紅瑪瑙──預防背叛。

土耳其石──（黑亮）是戀愛的護符。

金綠石──快活。

風信子玉──給予誠實。

晚上把房門關上，在桌上擺著寶石，圍成圓形，中央插一枝蠟燭，對神虔誠的祈禱，點燃燭火，仔細觀看那一顆寶石先發光。

青色寶石——幸福來到。
綠色寶石——希望實現。
紅色寶石——等待愛情。
紫色寶石——見到喪事、悲傷。
黃色寶石——不貞節。
褐色寶石——悲傷落淚。
柘榴色寶石——結婚前兆。

二、寶石的魔法

寶石對西方人來說，一直是很親密的裝飾品，有很多關於寶石的奇妙傳說，在文學方面，也有很多幻想的軼話，如果要收錄下來，將會是一本堂皇的書籍。

但是，非常遺憾，礙於時間起見，不得不割愛。

以下我引述幾件有趣的寶石故事：

阿古司脫哈先．弗朗司拉凱西亞說：

有一位年輕的牧羊人，到蛇山去打獵，在半路上遇到一位漂亮的姑娘，她正在一旁哭著，說：「我到這裏玩耍，現在卻迷路了。」

他很好心的請她上馬，送她回家，一路上，這位姑娘柔順的偎著他。她說：「你對我這麼好，我老實說吧！我沒有家、沒有父母，我是一個可憐的孤兒。請你收留我，我對你一見鍾情。將來一輩子都侍奉你的。」

這男人非常高興，馬上與她成婚。

新婚不久，有一天，一位印度道人，他以嵌在戒指上的瑪瑙力量，知道這太太是蛇變的。因為這塊寶石碰到異物神怪立刻褪色。

道人偷偷的告訴牧羊人：

「如果你不信，可以照我的方法試試。你在她吃的食物中放些鹽和蜜，晚上時，把房子四周牢牢鎖緊，一滴水也不能留著，你假裝睡了，但是必須嚴密的監視她的一舉一動。」

到了晚上，她並不知道丈夫在監視她。牙齒潔白美麗的太太，急著到處找水喝，所以把頭伸來伸去，脖子很長，最後她把頭從煙囪裏伸出去，丈夫在房裏聽見太太喝水的聲音，原來她伸到附近河裏取水喝，真恐怖。

隔天，他請教道人，有沒有辦法除去蛇變成的太太，道人說：「請你的太太烤麵包，在她把頭伸進竈裏的時候，把她也推進火裏，用石頭很快的封起來，不論她怎麼叫也不要同情她，因為如果要讓她出來，她會殺了你。」

果然，她太太說了很多求他同情的話，但是牧羊人毫不動心，最後，她吼叫著：「啊！道人把我的秘密告訴你，他要的是我死去化成的灰，我應該早點殺掉你的。」一會就氣絕死去，收羊人難過後悔，精神頹廢，離家後就失蹤了。

那位位道人很高與，收起蛇女的灰，放在任何金屬物上，都變成了金子，而成了大富翁。

法國西北部雷恩市僧侶馬洛克（Marlocl 一〇三五～一一二三），以寶石的魔力寫了左邊的書如下：

●金剛石

金剛石很堅硬，山羊的血加熱可以割開成塊。有預防濕氣的作用。擁有並不會輸給他人，寶石可以退去晚上的怪物、擊退沒有根據的夢、解去任何厲害的毒、平止爭鬥、治療精神病、除去強敵。

●阿列特里

自雄雞的體內發現，有解渴的功效，可以藉此力量戰勝敵人，受到大多數人的歡迎。太太更能討丈夫喜受。

●藍寶石

聽說，把這寶石放入口袋裏帶著，更帶來好運。

身體健康，四肢健全。帶了此物可以避免受害、在牢獄中可被釋放、對神許願可成、調停和解成功，比其他寶物有效，醫療上極有效，去身熱、止汗，磨成粉末和奶粉敷在腫的地方，可消腫。

●褐煤（Gagates）

護符，水腫可消去。以水泡薄些，可妨止牙齒脫落。燻後治癲癇。要打敗惡魔，和治消化不良、便秘、魔幻的幻象，以甘油塗抹後有效。

●磁石

這種寶石有魔法幻影作用。偉大的捍衛者（The Great Deendor）以此寶石來辨別魔法的效果，在他之後，方位魔女以美狄（mede）在人間試驗，在妻子睡覺的時候，以磁石試驗她的貞操。

把磁石放在妻子的頭上，若妻子不貞，磁石的顏色會掉落。盜賊把磁石放在門上，則可搶奪別人家的財產。

第四章

戀愛的秘訣

一、阿彌帕・阿列雷的愛的趣味秘方

△禿鷹的右肺是護符，可使性交達到高潮，但是禿鷹很難捕獲。

△為了使彼此有愛意，可取鷲巢中的石子，掛在左腕上。

△為了讓她愛你，你可取猛獸的心臟、雄獸睪丸，雌獸子宮，讓她吃下。

△鳩的心臟、雀的肝臟、燕的子宮、兔的腎臟、曬乾，分量都相同，加入血液，一起曬乾，讓你的愛人吃下，她就會接受你的愛撫。

△取一匹馬額內的漿狀物，製成春藥，以土製的壺放入竈中烘乾，偷偷的摻入你所喜愛的女子的食物中，效果很大。

△從狼的左足取出髓，和龍涎青加Sheerle的粉混合，成乾脂狀，放在手掌上搓揉後，愛撫你的愛人，她就會與你一樣共同沐浴於熱愛中。

△若男性精力減退，以弟切草和葫蔥的脂油再加上蜥蜴的灰，做成香油，在做愛前一個鐘頭搽在左足的大拇趾上，或腰部上。

△幼小的雌山羊脂肪、葫蔥、龍涎香之脂中，加入橡實，這個秘方可使對方

達到高潮。

△如果太太或愛人，有性冷感時，可以鵞鳥的睪丸、兔腹，加上香料來調味，把山林子和提利昂（Satyrion）芹菜，做成沙拉，醮著良質的油和薤薇製成的醋吃，這樣女性就會正常。

△相對的，要壓抑住熱情的時候，拿溫和母牛的性器製成粉狀，煮熟的牛肉和馬齒莧科蒿苣一起吃就可以。

△為了使失去的處女膜復原，取威尼斯的松節油一盎司，和蘆筍葉的液汁一點，礦石水晶四分之一盎司，放入香木綠和燕麥粉的混合液中，提煉出一膏狀物，以此膏狀物洗滌過女性性器，再以相灰蝶屬（Rhazis）的霜塗上之後，就完好如初，與處女沒有區別。

△防止太太紅杏出牆。抽出母狼性器背面尖端的髓，和狼的睫毛、髭一起燒成灰，偷偷地讓她喝下，那麼你就可以放心的旅行了。

二、阿爾貝爾的愛的秘法

△星期五的早上，帶著二把新的小刀，到有蚯蚓的地方捉二條，把蚯蚓的頭切下，尾也切下來，只把身子留下來帶回去，和精液混合曬乾，後製成粉，給愛人吃。她會服服貼貼的讓你擺佈。

△用左手摘下魔法師心愛的馬鞭草，一邊唱著：「我藉著地獄王子路西法（Lucifer）以及Attos，Effeton，Canabo三魔之母蒼蠅王（Belzebuth）之名，摘下來。請你幫助我，在二十四小時內，使我的愛人會更加愛我。」取魔母的三根陰毛、左腋下三根腋毛，一起放在鐵板上燒成灰，把灰灑在麵包上，給對方吃下，如此一來，她（他）將會永遠的愛你。

△女性使用的秘方。於生理期時，取九滴經血，再加入九滴鼻血，滴在一小片麵包上，放入竈中烤乾，切搗成粉末狀，放入熱咖啡中，在男性不知道時，給他飲下，男性就很快的產生性的慾望。

△妻子淫蕩時，男性可取母山羊的脂肪和膽汁的混合物，曬乾，醮油塗抹妻

子各部位，局部周圍，太太就不會移情別戀，而且專心的愛你。

△預防做艷夢時遺精，可於睡前在肚子上放鉛片。

Mme A.Rde Lens所著的《Pratigues des harems marocajns》一書當中，有很多奇異的處方，包括，如何強大男性器、懷孕法、避孕法墮胎的方法等等，帶有非常濃厚的魔法氣氛，我列舉其中二、三個秘方如下：

△希望早點結婚的小姐們，在做襯衫時，將身體四周的繩子切成七小節，每一節包七種香料，搗碎。在晚上，點著燈，把這些放在家的門檻上，一邊唱著：「趕快來做我的丈夫吧！」

△主婦想掌握一家支配權，可於新婚之夜時，在自己手掌上灑尿七次，每一次都要放在碗裏，口中唸著：「你不可比我聽得多，看得多，說得多。」然後放入新郎的茶裏，讓他喝下。

△使粗暴的丈夫溫順的方法——在夜間丈夫睡著時，以縫衣線量丈夫的性器長度，以木綿包起來，埋在庭院的土地中。

△這個效果比上一個更烈。晚上悄悄地到墓地，把屍體掘出，放在膝上，拿

死屍的手捏捏麵包，回家後把麵包給丈夫吃，那麼，再橫暴的丈夫都會像死人般的順從妳。

△常遭丈夫虐待的妻子，可拿獵犬的鬍鬚，用火燒製成灰，放在咖啡中給丈夫喝，很快的就會顯出效果來，如果要使效果更顯著，可以把灰放入湯裏，丈夫會一百八十度的轉變。

△太太覺得丈夫的愛情減少許多，也有秘方可增加他對你的愛情。七天內，每一天晚上守著海棗，早上時，在丈夫不起疑心之下給他吃。或者，取海棗的少量肉片，懸掛在牆上，幾天後取下燒成灰狀，給丈夫吃，反之，如果丈夫太過於熱情，太太可在浴室中取髒水和Kerchel攪在一起，給丈夫吃。

△為了防止丈夫對別的新娘有意，以青蛙的膽汁塗抹在門檻上，再取雌狗腹部的毛，偷偷放在床上，那位漂亮的新娘子在丈夫的眼裏僅如母狗一樣。

△婆婆若要離間兒子和媳婦的感情，可以拿洗內衣的水，放入自己兒子的食物中。

三、「自然魔法」中的春藥秘法

《Philtres megigutr triomphateurs de la Femme》之書中，記載有關春藥、素晴的事。

夏天，農曆的六月初一，星期五，引誘出蝮蛇殺之，把頭部切去，放入紅色絹布袋中帶回家。面向東方，把殺死蝮蛇的杖投去，把袋子放在黑暗的角落。

隔天晚上，赤足由牧場裏走出，深夜時，摘下二片白色的爪草葉和二片紅色的爪草葉，再採六個Taconnet大戟的莖，放入新的籠子中，從樹上摘下薔薇的紅色、白色嫩葉各一，以鵝毛沾著你的血寫著『Revarim myrtoj her Rultata』。拿新的羊皮紙包著，至少點著燈三小時，放在枕頭下、桌子上、床邊、祈禱後入睡。

隔天，把昨夜放的花的葉子，用井水清洗一下，放在曬乾的蛇頭上，晚上十一時，放在桌子上，在羊皮紙上畫一處女像，和一顆有六個角的星星，進行這件事，必須在教會大蠟燭的銀燭臺下才行。

再來是，準備一個新的切菜板、二個新的小刀、一個磁器、一個洗滌乾淨的瓶子、黑色的玻璃杯、裝有酒精的藥罐、裝清水的瓶子、新的蠟燭棒、封印、新的研缽、新的木塞子。

夜晚十三時，劃十字架三次，切下蝮蛇的頭，和薔薇的葉和花一起放入研缽中，搗碎製成上等的派，放在酒精燈的火上，加熱。再以新的刀片擠出六滴自己的血，滴在別的盤子上，把研缽中的東西倒入此盤中，搖動一下，取三根毛髮燒成灰，放入，再同樣的燒去羊皮紙袋，也放入盤中，然後全部都倒入瓶子裏，加滿清水，以木塞封起，放在床上，把燈火熄滅，祈禱，入睡。

在黑暗中放三天後，再擺在窗戶前曬乾，過了三天的深夜可以取出來使用。男性五滴以上，女性二滴，和食物一起食用。

這種做法雖然非常麻煩，效果卻非常大。可使老人恢復年輕，女性服用後，可使對方拜倒妳的石榴裙下。

有一位年輕的姑娘，她暗戀著哥哥的朋友，有一天，她偷偷的滴了數滴此靈藥在茶水中，放在廚房，正要拿去給她愛的人喝時，她的哥哥恰巧經過，一口氣就喝下去了，可悲的事發生了，她的哥哥竟然強暴了她，可憐的妹妹絕望極了，悲痛之餘，她終於投河自殺了，年輕的一生就此中斷。

「Bojsson dorlel」就有這麼恐怖的效果。

※　　※　　※

Gambattista de la Porta（一五四〇～一六一五）是一位有名的自然科學家，人們常把他和阿爾貝魯弄錯。前者的名著《Ja Magien aturelle》中，引用了許多有關愛的奇妙的處方：

Jayet（註）的根，篩一篩，研成粉末狀，放入酒中或清水中，給年輕的女性喝下，如果她忍耐不住，想要尿的情形，就表示她非處女。可以忍著不排尿者，就是處女。

白鯨的糞也有同樣的功效，放在正燃燒的灰火上燒，以漏斗把煙送入姑娘的陰部，如果她是真處女，那麼，這些煙則不能發揮作用；非處女的話，她便忍耐不住要排尿。

（註）Jayet同Jais是礦物，可是，黑玉那有根呢？可能是一種野生的植物吧！

最古老的測驗處女與非處女的方法是，以切斷的蘆薈燒，把煙導入陰部，非處女的情形是，大量的月經急流下。

（Live 11Chap 22）

作者亦對從馬額中取出的漿物製成春藥的傳說做說明，他分析為二點：

一、雌馬在非常興奮時，陰部大量流出來的液體製成的。

二、剛出生的小馬額上，似胡桃般大小的瘤，取下製成的。

在羅馬帝國最盛時期，興奮劑被解釋為瘋馬，經過考古學者、科學家聽慧的研究後，仍不知詳情。去年，英國專家問我，東方有沒有此物？我開始到處調查研究，但是，都沒有發現。

威魯基奴司的詠農卷第三集記載著，在春心盪漾之日，雌馬慾火高昂，奔騰至高高的岩石上，很奇怪的是，雌馬呼吸了西方吹來的和風，竟然懷孕了，這樣的事屢見不鮮，那時候馬會瘋狂奔出，在高崖、急湍的河流、深谷中飛越狂奔。

古書中也登載有二種：一是，採思春的雌馬身上的黏液，一邊咒誦著而得。另一是，諸靈草和瓜藥混和而成。

包沙尼亞斯的希臘迴覽記五卷二十七章中說：「在霍魯米斯南方的奧林匹亞廟中，有座獻納來的鍮金製的雌馬像，魔法師附魔力給牠，不論什麼時候，這匹雌馬見了雄馬，都似瘋狂一般，脫韁飛奔到雄馬的身上，雙蹄跨在雄馬的背上，無論如何鞭打牠，都無用。」

另一個媚藥的製法，往往取自剛出生的馬額上所生的瘤，似黑色無花果般大，有毒。如果小馬出生時帶有此瘤，母馬就會吃掉，如果不吃掉，牠就不餵奶給小馬吃，村人為了安全，總是在母馬未吃掉前切割去。也怕母馬嗅了後會瘋狂，而戀慕小馬，同理可知，帶著此瘤的人，必定會使他人戀慕。這種瘤，被人們視為媚藥，也正像迷信一般被尊重著。（南方熊楠「有關馬的民族傳說」）

暫時不談古代春藥所佔的地位，先說明此物的恐怖毒性，古代文獻，休里岩那蓋魯也寫著：「即使妳不會像尼洛那樣，在吃了春藥後的瘋狂，妳大概也會……。」

羅馬皇帝卡里古亞皇后也是一樁殘忍的例子，按照正史，皇帝的繼承人是列魯馬當的孩子——姑拉卡里竟瘋狂了，暗愚驕弑放蕩，與以前判若兩人，最後皇帝處他死刑，沒收財產。羅馬貴族反抗，二名親信隊長又將皇帝殺死。

但另一傳說卻是，卡里古亞皇后以春藥放入列魯馬當的孩子食物中。而使他產生恐怖的狂暴性行為，造成慘虐的事。

照這樣看來，斯多馬里司就像希臘的沙其里勇拉，刺激情緒是為了更新作用，這對於春藥的解釋上，也是正確的。且是與Aguae amatrices具有同樣作用的酒精性飲料，羅馬人普遍的使用著。

《戀火》一書中，也有許多奇妙的成分，其中有野豬的膽、琥珀、鯔魚、烏賊、龜的卵、蜥蜴類、芫青、蟋蟀等等，不勝枚舉。（**武田孝三郎《春藥和愛的妖術》**）。

我們照著例子，研究古代東洋方面的秘法：

四、古代印度戀愛的秘法

〔二十五〕男性以阿烏都拉、胡椒、胡椒類的Piper Ion-gum，以蜂蜜混和，塗抹在男性性器上，與女性做愛時，可以使對方達到高潮、滿足。

〔二十八〕三角霸王鞭（Euphorbia Trigoan大戟屬）切成細片，和赤砒素，硫黃粉末，混合在一起，攪和、曬乾，這樣做七次，反覆的做。再拿此細片粉末和蜂蜜混合，在做愛時，塗抹在男性性器上，那麼，你的愛人就會聽你的擺佈，一切如你意。

〔三十〕把前面所製成的粉末，與猿的糞混和，投向少女，她就會愛你一個人，不會與別人結婚。

在大聖卡基可達著的《被基拉哈司亞》一書，第十四章的控制篇中，他提出了比亞瑪司脫拉更多有關魔法的藥物秘方。

〔二十二〕從尤里的口處，看見像水晶般大小的त字。而且自林加的地方想著火種ड字。那麼，在性交時，就可控制婦女。

〔二十三〕在身體的左邊，以左眼、左手，在通過風的左方，來強化胸、腿、手的功用。

〔二十四〕拿死者的頭髮，和在風中飛舞的葉子、蜜蜂的雙翅攪和在一起，再加上象牙粉末，灑在對方身上，必能得到滿足。

〔二十五〕取回同時火葬的夫婦所使用的火葬杖（火葬時所使用的杖），男子拿它來打太太，他的太太必定會順從他。

〔二十六〕在狂犬的右方骨面上寫太太的名字，以火葬時使用的炭火來燒，她就會服侍你一輩子。

〔二十七—二十八〕摩哈拉達、依魯卡奴依、奴朗帝卡、加蒂卡、阿巴布修帝、努朵拉佳托，以及布里坦加利、乳酪，加蜂蜜一起混合，塗抹在額頭上，你便可以征服三界，如果，以此物再加上身體上的污垢，一起飲用，你便可征服全世界。

（註）身體的污垢有二種。一是：無名指的血、心臟的黏液質（又稱為單純污垢），鼻垢、眼垢、外垢，總稱五垢。另一說法是：汁、唾、血、尿、精液為五垢。

〔二十九〕捉附在卡卡特古哈的蟲，磨成粉，吃下後，你就可控制他人。或者是，取木利葉子的汁液，滴入硼砂中，和著身體的污垢一起吃下，也是很有效的。

〔三十〕蒼蠅的粉末，和黑色母狗的乳房混和，再加上自己的精液，服用後，就連妮托哇連休達仙的太太也順從你。

〔三十一〕把象的馬拉液、加達、白色的罌粟、紅色的卡拉維拉的花，和乳酪混合。再加上白色的格維加大（註：阿魯卡的根），和野羊的角、蜂蜜、五垢一起混合。

〔三十二〕把罌粟放在水中搗碎，飲用後，你將擁有最高的統治權。

〔三十三〕把圭休塔果片、紅砒石、硫黃粉，烘乾、磨成粉狀，再與蜂蜜混合，塗在男性性器上。

〔三十四〕以猿的糞混合而成的紅色粉末狀，灑在少女的頭上，那麼，即使不相配的男子，也可和自己心愛的女性結婚。

〔三十五—三十六〕娃達、達魯（註：爾果昂）、栴檀，生薑、沙魯加、呼拉托瓦、白罌粟，以這些東西來燻出香味，使自己渾身香氣，任何人都需受到他的控制，青蓮的根、蜜蜂的翅、它加地的根、卡卡加休的粉末，再取數滴無名指的血，散佈在頭上，也有同樣的功效。

〔三十七〕青蓮的根、藍脫托帕拉（註：沙哈莫古）布拉休拉娃（註：戈壁）。煉製成藥，塗抹眼睛四周，當做化粧品用。這也是最大的最有效控制力。

〔三十八—三十九〕取被象踏死的人的眼睛、鼻子、心臟，在不休亞星星相會的那夜晚，神聖的調理膏油，稱為愛情的鎖匙，古代以來，總是傳說著，這是有很大效力的。在吃東西時或喝水時，加入數滴，則產生統治權。

〔四十〕娃司（註：白色阿奴帕）、克休脫哈、栴檀、努呼司尼那（注：多昆古馬，蕃紅花）、司拉卡努（註：雷布達魯）和蜂蜜混合，稱為如意珠，燻過之後，則可得控制力。

〔四一〕哈格麥古拉加雷認為：以煙燻法的效果，可用於求歡、做愛、推銷商品的時候。

〔四十二—四十三〕取出加達卡鳥的腸子，放入自己的精液和尿中，拿二個盤子蓋住，放在燒火的地方，七天後取出，搓成小顆的藥丸，在吃飯的時候，讓對方服下，這樣的話，西西尤多娃的太太都會愉快的順從你。

〔四十四—四十五〕把加達的葉子、塔里沙、塔里加塗在麻心燈上，取白罌粟的油，和人的髑髏，一起燃燒。把這些灰當做婦女眼部的化粧品，就是聖者也禁不住你的迷惑。

〔四十六〕取自己的經血，混合入明羅拉那（以牛的膽汁製成的染料），塗抹在婦女的基拉卡——（在額上做記號）。這位婦女將控制一切，不論在什麼情況下都不會驚慌害怕。

〔四十七〕在日蝕或月蝕時，拔起波哈底屋的根部，與染料一起搗碎，在婦女額上做記號，就是布洛也難逃魔法秘法。

〔四十八〕把巴亞沙（牛乳、米、砂糖混在一起煮），給婆羅門吃。或拔去白色玫瑰花的根，讓處女搗碎，和食物一起吃下。這都是消除嫌惡的最好辦法。

〔四十九〕自交雜在一起的加蒂和睪巴拉，兩樹根中，取出螞蟻巢中的蛋，塗抹在胸前，可除去她對你的嫌惡。

〔五十〕把白色的羅魯巴，和白色的白布里哈帝，白色的比利卡布尼之花和根通通拔出。一起搗碎後，給對方吃下，便可駕馭對方。

〔五十一〕駱駝的骨，和烏呼林卡巴故西亞（或是烏呼林卡拉加）（德馬魯卡古）煎出來的汁液混合一起，燒二十一次，變成黑色的粉末。可以製成藥物。

〔五十二〕以駱駝骨中小片，和駱駝管狀的骨，搗碎攪和，給男性吃下，男性就變成相當圓滑、會說話。

〔五十三〕性交完畢時，婦女取自己的性液，擦揉在對方的左眼、左足和心臟，他將成為妳最真誠的愛人。（「拉帝拉哈司亞」第十四章的控制篇）

十五、六世紀時，無上詩人Kolrona malla為了Grzerate的部署Ahma-khan的兒子Lava-khan的性教育問題，寫了一本書《阿朗加朗加》，其中第六章和第七章是有關魔法的記載。

在第六章秘藥箱中列記的內容有：七種促進婦女快感的秘方。八種有關男子在性高潮時能維持久些的秘方。八種能增進元氣，和得到滿足的秘方。六種能強壯男性性器的秘方。也有縮小女性性器的六種秘方。

另外，還有清潔局部的秘方二種。脫毛秘方三種。月經閉止療法二種。月經調整法三種。懷孕法六種。無痛分娩法四種。避孕法四種。化粧法四種。染髮法四種。清潔肌膚法三種。使黑色皮膚漂白法二種。豐乳法二種。使乳房堅挺豐滿。春藥，治療汗臭法六種。香油九種。治療口臭法五種。

以上對日常行事都有詳細的記載，本書就不再多做說明，讓我們繼續進行下一章節吧！

1. Vashikaran

這是一種很特別的藥物，當做護符（註）使用，男女皆可進入情況，能使對方在不自知的狀態下，迷迷糊糊的投入你的懷抱。

（註）這個護符是塔拉卡，形狀是圓形，必須在宗教儀式結束後，貼在額頭上。

●第一種處方

馬支占亞納、含羞草的粉末、青蓮的根、巴夏、拉集呼利亞、大麥的花等等，與精液混合，貼在額頭上，這個護符就表示你可以征服世上所有的女性。女性們只要見了你的護符，都會愛你。

●第二種處方

巨大的馬利筋屬的根、阿它馬尼細、甘松香、卑哥漢多魯、甘香草（Cyperus Pertenuis or junciful ju-S）、可司西。

將前面六種植物，置於女性經血中混合，擦在額上，你的戀愛包準成功、一輩子幸福。

●第三種處方

達卡路（Taberna monta or Cororar asarob-acca）、哈里莫路（Piper dichotomum）的根，或者是蓽茇、曼多古幸吉之藥草（**也可用山羊的角，蟹爪替代**）、印度甘松香。

以上之物以同等分量混合，加入蜂蜜攪和，再放入精液，也可放入皮膚的分泌物（**就是五垢**），再擦在額頭上，你就是大眾情人了。

妻子為了要得到丈夫的愛，可拿前面的混合物，在經血中浸濕，再放入波羅西亞中混合，以此護符塗抹在額上，在此護符未乾之前，她可以完全的支配丈夫。

2. 點眼膏的魔法，安將使用法（註1）

●第一種處方

在七月的白分（註2）第八日，到火葬場，取屍體上的頭蓋骨燒成灰，放在盤子上，以此物代替銻，當做安將使用，便可掌握男性的心。

（註1）點眼膏安將之事在「達馬司脫拉」和「拉乎拉脫司亞」中常常看到。

（註2）白分是太陰曆那一月的前半月時，從新月到滿月稱白分，滿月到新月是黑分。

●第二種處方

取竹子生出的甘露汁，尼加卡司達（Messua-fer-rea）蘆薈的莖（Korphed）。馬西亞（紅色砒素的硫化物），以上四物混合，篩過後，製成膏藥使用，可以深得人們的喜愛。

●第三種處方

托多的樹（棕櫚樹的一種）、溫司達司、托加的根，放在水中搗碎，以絹布的一小段沾濕，再沾象油，編成燈心，點上火，收集煤煙，放入由墓地拾回的頭蓋骨中，這油燈照過的效果，與使用安將後的效果相同，都具有使對方成為自己奴隸的作用。

●第四種處方

麥修、卡加、鐵西亞、卡加亞巴（Ficus glomerosa的果實，Bamboo sugar。以上的東西，必須在星期日，Pushya星星相會時，製成點膏使用，可更增進夫妻間的感情濃厚。

以下三個處方，可使他人服從你，有很顯著的功效。

●第一種處方

當歸或是白野稗（Panicum italicum），白色的黑司卡達（Thomea turpe-thum）、Bhramara蜂的翅、可司托斯、蓮花、達卡的根，把這些東西灑在男性身上，立即可見效果。

●第二種處方

把托拉的葉子、松馬瓦麗的葉（The Moon-plante, Asclepias acida,

or Sarcostem-aviminimalis）。放在擺放屍體的薔薇花環中，把所有花葉混合，加入少量精液，灑在你所愛的女人身上，她就會服從你。

●第三種處方

Satavina-Vrsksha（開七種花的樹，Astonia scholatus or Ganitrus，贈給西夫的靈木）、尚的果實（Bengal"Ssn"），以上之物，以同量的粉末灑向對方，你就佔了很大的優勢。

3. Vatlca（戀愛的藥丸）

星期二時，把青樫鳥（Coracids indica）的內臟取出，放入少量的精液在鳥體內，把死鳥的屍體放在一土製的壺中，再拿同樣的壺，口對口的蓋著，再以布片，粘土密封，埋在非常寂靜的地方，七天後取出來（在印度，因為氣候的緣故，通常內容物會腐敗）。

把此物製成丸狀，乾燥後，給你的愛人吃，她就是你的奴隸了。

4. 戀愛的秘法

●第一種處方

在性交後，以自己的精液塗抹太太的左腳，她就會侍奉你一輩子。

●第二種處方

在性交前，女性以左腳觸丈夫的性器，則可以奴隸他。

●第三種處方

以脖子上有斑點的鳩糞，岩鹽、巴西西、拉基迪里亞的葉子，以上三種取其同等分量，製成粉，在性交前，塗在丈夫的性器上，那麼，你們倆就可白頭偕老了。

●第四種處方

卡斯立里（普遍的麝香，或是樟腦之類），黃色的木蝴蝶和收藏兩個月之久的蜂蜜提煉，混合後，性交前擦在男性性器上。效果同第三種。

5. 魔香

●第一種處方

白檀，昆昆（Kunku香木緣的汁以及其他染色明礬和紅色的粉末）、克斯達司（Krishna-guru黑檀）、Suvasika-Pushpa（有香味的花？）白色的Vala（有香味Andropogon muricatum）、雷里遠魯樅的樹皮，把以上之物的粉末，和蜂蜜攪拌，這個香料Chintamani Dupha（註），於睡前取少量燒去，你就可以主宰一切了。

（註）就是所有思想之主的意思。

●第二種處方

白荳蔻的果實、乳香（貝立的橡膠）、Garur-wel（藤科的植物menispermum glabrum，or Cocculus cardifolius）、白檀、耳形的茉莉花、貝加魯的紅蔓，這樣製出來的香料也有同樣的效果。

6. 咒語（Mantra）

●第一Kameshwar咒語

「噢！卡曼休娃！請讓她聽我的話吧！」

唸著這句話，一邊唱著那女孩子的名字，在心中想一萬遍。這時，帶著一百零八朵花的卡他米娃，必須操動著念珠，唱著要供奉死去的人的咒語一千次，把同種的花燒成灰，如此才能把愛的咒語應驗在你愛的女孩身上。她就是你的人了。

●第二Chomunda（註1）咒語

與神秘的布拉托娃一起，在心中唸著咒語一千次，Butea frondosa的花一萬朵和Tarpara（註2）一起供奉，這樣就可完成修法，也能得到咒語力量，對花咒七遍後，送給她。

（註1）斯馬遠的神的妃子名。

（註2）供奉祖先靈位的水。

●第三　對巴得米尼族的咀咒（蓮花性）

唸這個咒語（一萬次至十萬次），在星期天時，在貝雷里的葉子上，以沾了蜜的卡麥西娃拉曼都拉花。咒一百次，把這朵蓮花給有蓮花性的女人。

●第四　對基多尼尼族的咀咒（雜色性）

將此咒語和神聖的布拉娜娃，一起唸一萬遍至十萬遍，然後把肉荳蔻的粉放入芭蕉根的汁液中濕潤，再用魯耶的葉子包起來，在星期天時，拿給愛人吃。

●第五　對尋塞尼的咀咒（螺貝性）

古人說，咒語中最有效果的是，以托拉的根、椰子的樹根，或是水蓮霧（oegle maramros, or craoera religiosa 供奉神）。只要給愛人吃一點就很有效。

●第六　對哈司基司的咀咒（象性）

得了曼托拉．雷娃達後，在鳩的翅中，加了蜂蜜和丸藥，效果也很好。

（註）以上六個咒語的梵文記載，印刷不明，所以，我並沒有抄錄在此。

五、古代中國秘法

現在我們看看古代中國的戀愛秘法：

『**千手觀音治病合藥經**』

若有夫婦不和，如水火不相容者，取鴛鴦尾於大悲像前唸咒語一千八十遍，且身上帶著對方的情感，於是終身歡喜、互相愛敬。

『**龍樹方**』

取鴛鴦的心、陰千百日繫在左臂上，不令他人知，即會相愛。

『**又方**』

心中愛她卻得不到時，寫她的名字二十七次，以井華水東向，正視日出時服之必驗。密不傳。

『**如意方**』

令人相愛術，取履下土作三丸，密著腋下佳。

『**又方**』

戊子日取鵲巢屋下土，燒作屑。以酒共服，使夫妻相愛。

『**又方**』

取婦人頭髮二十根燒，置所眠床鋪下，夫妻即相愛。

『**靈奇法**』

取黃土、酒，塗帳內窗戶下方圓一寸，至老相愛。

『**又方**』

取豬皮，尾處一寸三分放在內衣領中，天下人皆愛。

『**又方**』

取竈中黃土和以膠汁，置屋上五日，取之塗在所愛的人衣上，即會相愛。

『**又方**』

庚辛日取梧桐木東南行的根三寸刻作男人，以五色綵衣著身令親疏相愛。

『**枕中方**』

老子曰：欲令女人愛，取女人髮二十根燒成灰，酒中服之甚愛人。又說，五月五日取東引桃枝，日未出時，作三寸木人，著衣帶中，世人語貴自然敬愛。

又云：夫婦相憎之前時，以頭髮埋在竈前，相愛如鴛鴦。

又云：嫁婦不為丈夫所愛，取床底下塵令夫食勿令知，即敬愛。

又云：孔子曰：取三井華水作酒飲，令人耐老，常得貴人敬念，復辟兵虎狼。

又云：人求婦難得，取雄雞毛二七根燒成灰末，著酒中服必得。

『延齡經』

取未嫁女髮十四根為繩帶之，見者腸斷。

『又方』

取雄雞左足爪，未嫁右手指爪燒作灰，灑彼人衣上。

『又方』

取已爪髮燒作灰，與彼人飲食中，一日不見如三月。

『又方』

蜘蛛一枚，鬼婦子十四枚，右置瓦器中，陰乾百日，以之塗女人衣上，夜必自來。

『**陶潛方**』

戊子日書其姓名，著足下必得。

『**如意方**』

令人相憎術，取馬髮犬毛置夫婦床中，即相憎，又云，令人不思術，遠行懷竈土，不思故鄉。

『**靈奇方**』

以桃枝三寸，書姓名，埋四會道中，即相憎。

『**如意方**』

止淫術，三歲白雄雞兩足脛燒末，與女人飲之淫即止。

又云，欲令淫婦一心方，取杜荊實與吞之則一心矣。

又云，咒陰咒陽（陽符朱書之人心）咒陽咒陰（陰符此欲絕淫情入腎朱書之可服）此二符以丹塗竹裹白浮乏赤，乃以空青書符吞之淫絕矣。

（**註**）竹裏白浮就是竹中的白皮。

又云，驗淫術，五月五日若七月七日，取守宮張其口食以丹，視腹下赤止閃中陰千百日，出少治之付女身拭終不去，若有險陽事便脫。（日守宮蝘蜓也。牝牡新交三枚良之）。

『又方』

白馬右足下土著婦人所臥癖床下，勿令知，自呼外夫姓名也。

『延齡經』

療奴有姦事令自道方，以阿膠大黃磨，附女衣上，反自說。

『如意方』

止妒術，可以杜薏苡二七枚與吞之（杜薏苡相重者是也）又方，其同布裏蝦蟇一枚盛著瓮中蓋之，埋廁左則不用夫。

六、日本的秘法

日本的戀愛秘法的神秘性已減少許多，遊戲的性質反而濃厚。大部份的秘法都是中國本身的，看看以下的止妒法就知道了。

『神變仙術錦囊秘巷』乾　入江貞庵撰

使嫉妒心強的女性變得善良無嫉妒的魔法。

一、煮過的鶩，給嫉妒心強的女性吃，則滅其嫉妒。梁武帝的妃子生性嫉妒，故給她吃煮熟的鶩，效果果真很大。(同書五丁)

二、以同等分量的紅黍和薏苡，製成藥丸，經常給女性吃，她就不會生嫉妒的心。

『枕文庫』第三輯　卷之上

嫉妒心很強的女性，大都無子，吃黃鳥則可產子。山海經裏記載著，梁武帝的妃子生性嫉妒，有人建議給她吃蒼庚，因此減少了妒意，而蒼庚和黃鳥都是鶩的異名。

治療婦女的嫉妒之妙法有：天門冬的心、紅黍米去了殼炒。這兩樣東西，以同等分量放入薏苡中，磨成粉末，加上蜂蜜，搓成藥丸，經常給她吃，每一次五十粒，以米湯飲下，即可治療她的嫉妒。

這已記載在淮南方畢術的書上。

緣。

『毬歌國字解』

詹草，是帝女的化身，花是黃色的，果實像豆子般大小，吃了以後，可得人

北戶錄中有此說法，佩帶紅蝙蝠則令人喜愛。

媚藥，把活的魚養在女性經血中，放在廁所裏，這樣，就是吝嗇到一毛不拔的人，也會不惜花錢玩樂，尋找娼女。祝不明的志怪一書中有此記載。

『枕文庫』

操守香，秦始皇試宮女之秘法：

一、殊砂。二、密陀僧。三、乾胭脂　同等分量

將左列各物磨成粉末，混合蝙蝠的血，塗在女人身上，她就一輩子跟隨你。如果她與別人有苟和的行為，則會變色，這實在是一種不可思議的秘方。

『男女懷玉禮開節用集』

將兩隻交尾的壁虎拉開，把這兩隻壁虎放入一個有節的直管中，分開放，一節中有一隻，中間有阻礙物，把這管子埋在你喜愛的女子要經過的路上，等她走

過後，挖出來，有的時候，這兩隻壁虎咬碎中間的阻礙，而交尾在一起，取出壁虎，燒成灰，灑在那女子身上，就可達到你的願望，這就是世人所謂的蠷藥。

『又方』

子日子時，男子自已手淫取出精液，拿一塊新的布沾濕後曬乾。燒黑成灰，給那位女子吃，就有奇妙的效力，如果無法令她吃下，也可灑在她身上，效果是一樣的。

『又方』

以母蛇脫下來的皮，與精液混合，製成丸，則有很大的幫助。

『又方』

取兩隻正在交尾的青蛙，在陰涼的地方吹乾，製成粉，一隻自己吃，一隻讓對方吃。

『又方』

把雞的右爪插在女孩子的衣袖上，則有奇妙的效果。

有用的秘方。

『又方』

取紅色雞的爪子，記得左右腳，正確的放在愛慕女子的左右方。這是一個很有用的秘方。

日本最具代表性的媚藥是，壁虎燒黑後的灰。現在，請聽我說一個笑話：各位已知道，壁虎製成媚藥的做法，是取兩隻正在交尾的壁虎，放進一有節的直管中，埋入土裏，隔天，是它們已咬破中間的節，而再次交尾，這樣才可以燒成灰狀。

但是，以前有一家藥店，他們不以麻煩的程序製作，而僅僅是捉了兩隻普通的壁虎，燒成灰，賣給需要的顧客，竟也有人專程來買，也有信函道謝呢！

《徒然草》中寫著「甲香是像寶螺貝一樣的東西。細細長長的貝殼，最古以前，武臟地方的國金澤和雲浦才發現有此物，而且稱此物為靨。」（鎌倉欖勝考附錄中有圖）

在此以前，不曾發現過靨，因此都是由國外輸入，近來，有人在鄉下地方發現。麝的氣味很難聞，必須摻入其他香料綜合，則香溢四散。在麝紅海也盛產此物，和海藻一起混合，搽在婦女身體，男性見了她，就像貓見了天蓼似的，被迷得七葷八素。（南方熊楠《有關馬的民俗傳說》）

我小時候最愛看馬琴的小說，常忘了吃飯而沉醉於書中的氣氛，然而在腦中卻像中秋時的天空——萬里晴空，只稍稍記得《朝夷巡島記》中的一小節，雖然有些黃色，卻值得提出來告訴讀者。

這一段寫在續集第十八章。

吉見冠者義邦和公主筐姬一起，寄安在宮小四郎家，宮小四郎的兒子董次對美麗的公主一見鍾情。天下父母心，雖然兒子不該如此，但是宮小四郎竟不擇手段幫助自己的兒子。

他以很多珠寶買通了修行者酷殘，要他制伏吉見冠者義邦，這位惡心腸的修行者答應後，就趁著吉見冠者義邦打獵時，施以魔法殺死他。下一步，對貞節無比的公主筐姬設下陷阱，咀咒使她順從董次。原文如下：

「修道士酷殘進入一個小房間，大聲的咀咒，一邊數著平形金珠、搖鈴，儀式完畢後，換了衣服，到宮小四郎家，告訴他說：『你要仔細的聽著，這個秘符是使男女相愛的符咒，非常有效，這一張給你的兒子帶著，另一張貼在公主的房間天花板上，很快的他們倆人就能相愛。』

宮小四郎的太太拿了這張秘符到公主的房間，對她說：『這是一張神符，可以保護妳和妳兒子，昨天一位僧侶送我的，我貼在妳房間的天花板上，希望它帶給妳幸運。』說著一邊拿椅子把護符貼在天花板上。」

在這裏，我要說明，雖然筐姬是公主，但是不久前她已與吉見冠者義邦結婚了，而且有一個出生不久的兒子。有一天晚上，宮小四郎的兒子董次，存心不良的到公主的房間，請公主陪他喝酒，他不但臉皮厚，心眼也非常多，倚仗著護符的魔力，他開始誘騙純真的公主。

雖然公主一再拒絕，但是董次卻更加逼進，公主想到：既然寄居在他家，丈夫又出門打獵，現在與他歡樂一場也無妨。以下引用原文。

「董次笑在心裏，一連灌了好多杯酒，特別是公主在旁作陪。他就像是喝了甘露似的飄飄然。而且還替出門打獵、不在家中陪太太的吉見冠者義邦難過。他對公主說：『妳如願意和我在一起，我一定對妳愛護備至，而且養育妳兒子成人，我不會比吉見冠者差，妳答應我吧！』

公主很感動，微笑的告訴他：『是我的幸運，不但能照顧到父母，又能受到你的愛憐，你真是好人，你的恩情我不會忘記，萬事拜託你了。』

董次聽了更不知天高地厚，他說：『妳應該是我的，我要與你白頭偕老。』

公主答道：『我是個有主見的女孩，不會隨便答應人家，但是，你的真誠感動了我，最近我因為剛生產不久，不便與你行夫妻之實，過一陣子……。』

董次聽了公主安慰他的話後，不但不諒解，還誤會她是找藉口，他說：『生產後，很快又懷孕的女人多的是啊！你不要找理由了，我今晚一定要得到妳。請妳解衣吧！』

董次霸王硬上弓的強行，公主雖然要推開他，卻覺昏沉沉的，不能控制自己的解開衣扣……。」

書上就是這樣的寫著，不過，請放心！事情有了轉變：說時遲，那時快，公主的孩子竟嚎啕大哭起來，這可驚醒了中邪的公主……董次就像進寶山未得寶物，空手而歸的敗手。

七、南洋的秘法

各位讀者，現在請看媚藥的歷史。所有探奇家所追求的最高目標就是南洋的媚藥。

南洋群島有「壁虎」所不能相比非常有效的媚藥，我們都聽說過，不過，真實的東西卻不曾有人見過，更是增加它的神秘感。我雖然沒有像「為了要發現媚藥，調查了好幾年。」那樣嚴重，卻也在好奇心的驅使下，持續了好久。

到目前為止，我僅知道大概的印象，卻尚未發現真相。我有一位對南洋很熟悉的朋友，知道我對這方面有興趣後，就把他自己的經歷和聽到有關媚藥的事告訴我：

「世界大戰後，南洋歸日本管轄，我為了經商到南洋，我乘的船是三流的，大概只有九百噸左右。又是住三流的通艙，一大間沒有隔開的空間裏，大家很熱鬧的聊天說笑，我認識了二位可親的先生，一位是高大個子，留了鬍子的照相館老闆，另一位是個子小一點，長得很英俊的雜貨商人。

晚上，我睡在他們倆中間，因為是第一次聽說有關南洋的事，所以很有興趣，最特殊的是，那位小個子的雜貨商人不停的讚美他死去的太太。船上很熱，我聽他這麼說個沒完，真是煩躁。所以我不客氣的問高個子的先生，到底那人的太太好到什麼程度？

噢！我忘了說，那位雜貨商人在日本又娶了一位太太，當時就坐在他的旁邊，他卻大膽的談前妻的事。而這位新太太看起來一點也不生氣。

照相館老闆告訴我說：『真是可憐。』我好奇的問：『怎麼啦？』『看來他的媚藥效力尚未消失呢！』他若有所思的說著。

我心裏想：『這回機會到了。』不管他是可憐誰。我多年來一直想知道的，有關南洋媚藥的秘密，似乎可以在那老闆的口中聽到。我屏住呼吸，認真專注的問他：『告訴我詳細經過如何？』

他也很願意告訴我，以清晰的口語說：『那位雜貨商人在南洋娶了土著的女人，日本人在南洋娶了土著，還有什麼希冀可求？更令人疑惑的是，這位土著太太奇醜無比，連我小小的開照相館的人都不願看到她，更不敢靠近。』

我想，大概是相當難看的。不過，那位雜貨商人一表人才，即使他想娶個土著太太，大可以好好選擇，為什麼會娶個不堪入眼的太太呢？真叫人百思莫解。

照相館老闆看出我怪異的表情，接著說：『那是由於媚藥的作祟。』

各位或許聽過，在南洋，有很多日本妓女，嫁給連動物都不如的土著，過著不像人的生活。這都是被媚藥束縛的情況。

有一天，雜貨商人的土著太太回娘家，他想趁此機會到外面花天酒地一番。卻無法照自己的意願去做，似乎被控制著一般，只得乖乖待在家裏，隔天，太太回來了，她就像親眼看到一樣，喋喋不休的對他就：『你決不可以做出對不起我的事。』她到後院去，從地裏挖出一只先生常吃飯用的碗。原來，她是對這個碗施了法術。

『奇怪的是，他太太死後，這魔力竟未消失。』這位高大的照相館老闆告訴我這件令人驚訝生懼的事實。」

最遺憾的是，他也不知道，媚藥是怎麼製成的！不過，這件事還有下文噢！

接著我要敘述一段我在南洋碰到的真人真事，那時候我已經相當熟識南洋名島了。

有一天，我到司馬郎村莊，那是一個離司脫痲亞二十里左右的小村鎮。說起來，真不好意思，我是到一家中國妓女的旅館，但是我是去辦事的，你不要笑，我在門口被三位姑娘迷住了，姑娘的意思你大概懂吧！

在南洋的中國人大半很有錢，她們打扮的很華麗。在南洋著名的夕陽下，閃亮著光芒，我出自真心的誇讚說：「你們真美！」

但是，老闆娘的回答卻叫我吃一驚，她自誇的說：「當然美嘍！她們每個人的身體裏都有二十多根金條呢！」

我心裏想著：「而這些姑娘陪客，一次只賺三十元，真是太便宜了呢！」卻鎮定的回答：「不要開玩笑了，金條就是金條，怎麼能放入體內呢？」

她輕蔑的說：「那是以黃金製成金條，把這些細長的針條從指甲肉插進。中國人是很大膽的，因此剛才你看到光芒，並不是夕陽的照射，而是他們自身散發出來的。」

我慢慢的，很有技巧的把話題轉到媚藥上，剛開始，她避開不願說，我一直聚迫盯人的追問之下，她才緩緩道出，然而事實卻是意外的平凡。

她說：有一年，一位年輕的男人，住到她家，土著的下女卻暗戀這男人，老闆娘看見下女舉止怪異，因此，隨時注意她的舉動。

有一天下午，這位土著的姑娘一直待在屋裏不出來，她從門縫中看到，下女正以自己的經血放入咖啡中，這就是有名的媚藥，不過，這個秘方不僅是南洋才知道，就是在日本也不算稀奇。

不一樣的地方是，在南洋製此媚藥時，還有一定的儀式配合才行……。聽說，只要離開南洋，藥力就會消失。但是，見了雜貨商人的例子，我懷疑，真的有失效的時候和地域限制嗎？……。

以上是我的好友告訴我的，聽起來，似乎不怎麼刺激，也沒有特別的地方。

第五章 美容法

一、青春永駐法

Mme A. R. de Lens著的《Pratiques des haremsma rocains》中，所記載的美容方面的處方：

△青春永駐的方法：以蜜、生薑、丁子、沙哈拉的肉荳蔻、草荳蔻的根和糖漿一起混合，每晚吃二匙。天天洗冷水澡也是好的秘方。

△以胡蘆巴（植物）和水搗碎，攪拌為膏狀，塗在臉上。或者以新鮮的貝殼和小孩子的尿混合物塗在臉上，都是很好的美膚方法。

△在溶化的奶油中加入粉餅、胭紅、白的安息香，搗碎後加入卡那利的樹汁，塗在臉上，妳將會明豔動人。

△增加眼睛媚力的方法：將紅色小蕪切成小片，塗擦眼睛，睫毛會顯得俏麗。或是，把襯衣沾點貓尿與燒明礬的混液，蒙在眼睛上。

△在家裏擺著高級的Khol（註），其中儲存丁子、珊瑚、黑橄欖的核、胡椒、銻等材料的混合物，但是製作時，要七個年輕的小女孩或是年老的婦人搗

碎，以布過濾後才可使用。

△摩洛哥女性增加媚態的秘法：以剝皮的胡桃染下唇，可顯出潔白的牙齒，以耳垢抹在牙齒上，可以更加美化牙齒。甘木燒成的灰，或是胡桃的粉末也有很大的效能。

△使過於肥大的乳房恢復堅挺的秘法：以年輕獨身男子的土耳其鞋摩擦胸部三次。也有增大乳房的方法，是拿蠶豆的乳汁摩擦胸部，口裏要唸著「蠶豆啊！就像你的數粒增加一樣，水也增加。」然後投入井中。

（註）Khol是東方人用來染黑眼瞼，增加魅力的粉末。一般是以銻製的。而且Khol對西方人來說，不僅是使眼睛漂亮迷人，而且更具有偉大不可思議的魔力，所以，在製作上是很複雜的。

二、印度美容魔法

引自於印度學會翻譯過來的《加馬司脫拉》中第七篇的美容魔法：

〔四〕他卡加（Tabernae, montana coranarca）、古休達（Cotus），以

及他利沙（Flacourtia cataphracta，喜馬拉亞山的根樅）以這些植物的葉子塗抹在身上，便可增加妳的美貌。

〔五〕把以上的混合粉末中，加入阿古夏匹茲（Terminalia pellerica訶梨勒類），一起調和，放上絹布上或是海棉上，點火，收集油煙，混入髑髏製的粉末中，就可做為眼影膏使用，塗抹眼瞼，效果非凡。

〔六〕古那魯那瓦（Boerhavie procumben豚草）、沙瓦達威（Sida cordifolia錦葵類）、沙里巴（Ichnocarpu frulescens, Hemus Indicus印度產的撒爾沙巴兒刺，一種植物）、克那卡（黃色或白色的阿瑪朗都）呼托拉巴那（吉蓮），以這些植物的葉子，製煉油，這油就是達它（藥用油），沐浴時，在水中灑幾滴，妳就如仙女下凡般美麗。

〔七〕以上的植物，製成的粉末，灑在花圈上。帶著花圈則如同花般嬌嫩。

〔九〕把前項之粉末與他利沙（見四）、他卡加（見四），以及（Xanthochymus pictotius, Laurus, Cinnamomum的葉子），把這些葉子搗碎、混合後，塗抹在身上沐浴，則可以使皮膚細嫩柔滑。

〔一〇〕挖出孔雀的右眼、老虎的左眼，嵌在黃金上，鑲成戒指（或者項鍊也可以），帶在左手指上，有增加美貌的效用。

〔十一〕巴巴拉的珠，也就是棗樹（Mimos Octandra）的種子之核，或是香古門（螺貝），以黃金蓋著，施以魔法後，做裝飾品，帶在右手上，效果與前項相同。

〔二十六〕巴施多巴拉之葉、牟刊它培尼、奴來利亞（取死人身上之花和其他物）、孔雀的骨，一起烘乾、混合製成粉末，以這粉末灑在對方頭上，那麼他（她）就可由你控制了。

〔二十七〕把自然死去的安德拉凱西卡（禿鷹）的粉和蜜，阿瑪拉卡（Emblic Myrobalan, Phyllanthus Emblica）混合，塗抹在身上後，沐浴，可得到愛人的心。

〔三十一〕巴加甘達卡（Acorus calamus果利司的根），芒果的油混合，放入新夏巴的樹枝洞中（Dabbdrgia sisu），封閉洞口，六個月後取出，當成香料，灑在身上，就可贏得愛人的心。這就是「雷娃甘達」（意思是神所愛的）。

〔三十二〕以同樣的方法把古哈底拉・沙拉（Tera Japonica or Catechu）的細片，放入隨便一顆樹的孔中，六個月後，樹會開花，以此香花的粉末塗身體，可得到女人的心。這就是「甘地哈魯巴・甘達」，也就是甘地哈魯巴所愛的人。

〔三十三〕巴里牙古（Panicum Italicun稗的類科）、脫加加（Valeriana Wallichii, Tabernaemontana Coranalia印度纈草），混合進芒果樹的油，放入那加樹（Mesua Roxburgii）的樹枝孔中，六個月後，開香氣四溢的花，塗在身上，能達到你的願望，這就是「那加甘達」，也就是那加所愛的人。

〔三十四〕以駱駝的骨燒成灰，放入布村卡・拉加（Eclipta Verdeasina Prostrata）的液汁中，燃燒製成安加那（見五），放入駱駝的骨中，加進等量的司拉脫、安加安等等，塗在眼瞼上，可得他人對你的愛慕心。

〔三十五〕同樣的，以休耶那那（鷹）、巴夏（禿鷹類）、孔雀的骨，製成安加那，也是很好的辦法。

在卡瑪司脫拉，和安達卡安加，做出的加蒂拉哈司亞（Ratiahasya）是聖者司依可無為維娜亞那達布王所寫的經典，這本經典與卡瑪斯脫他比較起來，年代較新。但是，記載很多秘密佛教的魔法咒術，其他部份則是引用卡瑪斯脫他之書，它的特點就是詳盡，後來又出現的兩本《阿那加亞・霍郎加》也有很多有關護符、咒術的記載。

現在自《加弟拉哈司亞》的第十五總說技術篇中，選出有關美容方面的精華部份：

〔九十四〕以胡麻、罌粟，二種植物與拉加尼、古休脫哈一起做成染料，用的時候，必須在月光之下，加幾滴芳香油，立即見效。

〔九十五〕巴尼、阿拉古巴多巴、達丁馬（石榴的樹），加進羅巴呼拉中，再加入拉加達、司達二種物質中，製成婦女喜愛的染料。

〔九十六〕黑胡麻（有一本書寫的是古休古達）、古利休那、吉那卡・西多拉多卡（白罌粟），以及基加卡（茴香），和同等分量的牛乳製成塗料，你不僅擁有最美的臉孔，也有最完好的身體。

〔九十七〕用巴達拉之橋的木髓（糖蜜），和蜜、新鮮的乳酪一起混合，塗抹身體後，可以除去所有缺點。或者將娃奴那的木皮，加入野羊的乳中，搗碎，塗在全身上，效果也很宏大。

〔九十八〕以羅多古拉巴加、哈奴阿卡（胡桃）塗在臉上，除去年輕人的面皰、濕疹。或者以牛黃和馬里加和在一起，也有很大的功能。

〔九十九〕去皮的米糠，做成粉狀，加入甘草、白罌粟、多弗拉混合製成塗藥，將使你的臉似黃金般明豔照人。

〔一〇〇—一〇一〕取下成熟的巴托葉子，與甘卡那、甘草、呼古拉、蓮花、沙加雷托、黃色的香檀、加夏（臙脂，或是一種特殊植物上捉到的蟲）、蕃紅花、羅多呼拉。把這些植物混合在一起，搗碎後，塗在臉上，你的面貌將勝過蓮花的嬌羞，似秋夜的月色般動人。

〔一〇二〕流水眼瞼藥、米汁，用了之後，婦女的乳房會豐滿。

（「拉基拉哈基亞」印度學會翻譯）

三、拉那卡那卡美容法

使頭髮秀麗柔細的方法四種，

使頭髮烏黑的方法四種，

清潔肌膚的方法三種，

使臉部皮膚雪白法二種。

以上的方法都是醫學上用的，魔法的神秘性較少，那是因為這本書是印度性愛術古典中最新的書，其中有許多新的知識，所以除魔法的成份是很有道理的。

就連最有名的拉格伯著的《芬芳園》中，也不曾登載個別的美容法。

第六章 愛的占術

一、占卜的定義

太古時候，人們在決定事情時，如果徬徨無策，就聽天命，測出超自然的意志，就叫做占卜。使用的方法統稱為「占」。

最主要的是問「直接神」，這種占法叫做太占，「太」的意思是「麻邇神慮」。方法和程序如下：在神前以櫻橋的一種叫波波迦的樹，燒母鹿的肩骨，看骨面上的線紋，來判斷，這就是占卜（**就是人類學上所謂的Scapulimancy，onoplatoscopy，是原始民族共通用的占法**）。

在那個時候，或許還需要祭場、唸咒語和相當的儀式。

太占神事的宗源是以燒過的龜甲來占卜，可能是太古的時期，中國的占卜術。龜卜在比較宗教學上是被視為中國特有的。甚至有一部份的神官以龜卜為業，為他的主人服務。

其他種種的占法，如：

①彈琴的占法。

②敲橋板，聽其聲音占卜，稱為「神依板占」。

③黃昏時站在馬路上，聽行人說話占卜，稱為「黃昏卜」。

④隨意檢一塊石頭的「石卜」。

⑤數步法，以奇數和偶數占之「足卜」，占夢之「夢卜」這些占卜法在卜文書上都有記載。

另外還有一些方法，如：

站在橋上，聽行人說話占「橋卜」，照歌詞的意思占「歌卜」。也有一種稱為「帶卜」是兩位愛人，在廟前，寫自己的名字於腰帶上，繫上腰後，所占之卜。也有「灰占之卜」、「抽籤」等。

二、博士的端月

始祖大乘佛教的創始人——龍樹菩薩吉備大臣，他占卜吉凶的方法是，在初春第一天，看天象地儀占卜上下吉凶，這是當最主要的占卜法。

八卦宿曜是從大唐傳過來的，周文王時又重新整理出一種占卜法，取東西南北巽坤乾艮年月日時為占卜的資料。古代也有占卜博士的稱號。

西洋也有很多種類的占卜術。例舉如下：占星術（Astrologie）、人相術（Physiognomonie）、手相術（Chiromancie）、筆相術、墨色判斷（Gra-phologje）、撲克牌占術（Gartomancie）、夢判斷（Oniromancie）、一般占術（Les Divinations）。

在一般占術中，包括看雲占的卜（Néphélomancie）、風占（Austromancie）、占煙囪的煙（Gapnomancie），占鳥飛行的方向和啼聲（Ornithomancie）、占燈光（Lampadomanecic），聞香氣（Thurifumie），供奉靈位的灰（Spodomancie）、占泉水（Pezomancje）。

在平面板上，灑上小石子，或是豌豆，看平面的板木上顯出的形象占卜（Cléromancie）。鹽（Alomancie），小骨（Ostraga omancie. Ragalomancie），珍珠（Margaritomancie）、土（Géomancie）、大麥的粉末（Grithomancie）。

頭蓋骨占（Craniomancei），臟腑占（Anthropomancie）、骨占（Osteomancie）、額上的皺紋占（Métopomancie）、小便占（Uromancie）、指

甲占（Onychomancie），眼占（Oculomancie），腹占（Engastrimancie），和屍體的肌肉（Necxomancie）燒過後的驢頭占（Képhalomancie）。

風吹動水面泛出來的波紋占（Aeromancie）、不經意見到的動物占（Apantomancie）、家人名字筆數占（Arithomancie）、鎖匙幌動時占（Clidomancie），月桂樹投入火中的爆音占（Daphnomancie）；東西投入水時，發出的聲音以及水波紋占（Lecanomancie）、葡萄酒占（oenomancie）、名字的意義占（Onomancie）、掉落在路旁的木片的位置占（Xy lomancie）；風吹過沙土後，所呈現的圖案占（Tépramancie），無花果在風中搖擺的聲音占（Sycomancie），穿衣服的方法占（Stolisomancie）。

隨意的翻開《霍雷司加巴達魯》這本書，看其中章句占（Stolisomancie, Rhapsodomancie）、聽犬吠聲占（Ololgmancie）、鉛熔解後滴在地上的形狀占（Molybdomancid）、鏡子的反射占（Cristallmancie）等等……。

真是疲勞轟炸。裝出自己是滿腹經文的學者樣，實在是無趣，讀者諸君一定也覺得索然無味。現在，我要改變作風，傳授各位一套，最現代化的獨占術。

泡茶時，請注意杯中的茶葉小枝幹，若是直立的就是吉兆。同樣的，煮過的咖啡豆也可告訴我們吉凶。

把煮過的咖啡豆曬乾，三天後放入鍋中，加上少量的水，加熱，在水快要沸騰時把鍋子取下來，拿出咖啡豆，放在白色的盤子中，兩手拿著盤子兩端，前後搖動，看看盤中的咖啡豆是什麼形狀的圖案（參考一二七頁的圖）。如果顯示出來的形狀是模糊不清的，請重新再做一遍。

三、蛋黃和熔化的鉛也可以測出吉凶

一個半熟的蛋，敲破尖的一頭（切勿敲反了），把蛋黃傾倒在一張白紙上，看看形狀如何？

把鉛熔化後，滴在一個裝水的盤子裏，看看水中呈現出來的圖案。（本書第一二七頁——一二八頁是托多沙魯教授的資料）。

煮咖啡豆、蛋黃、熔鉛等占卜時，參考的圖表解：

〔一〕**直線**：二夫婦間少磨擦，靜穩的生活。

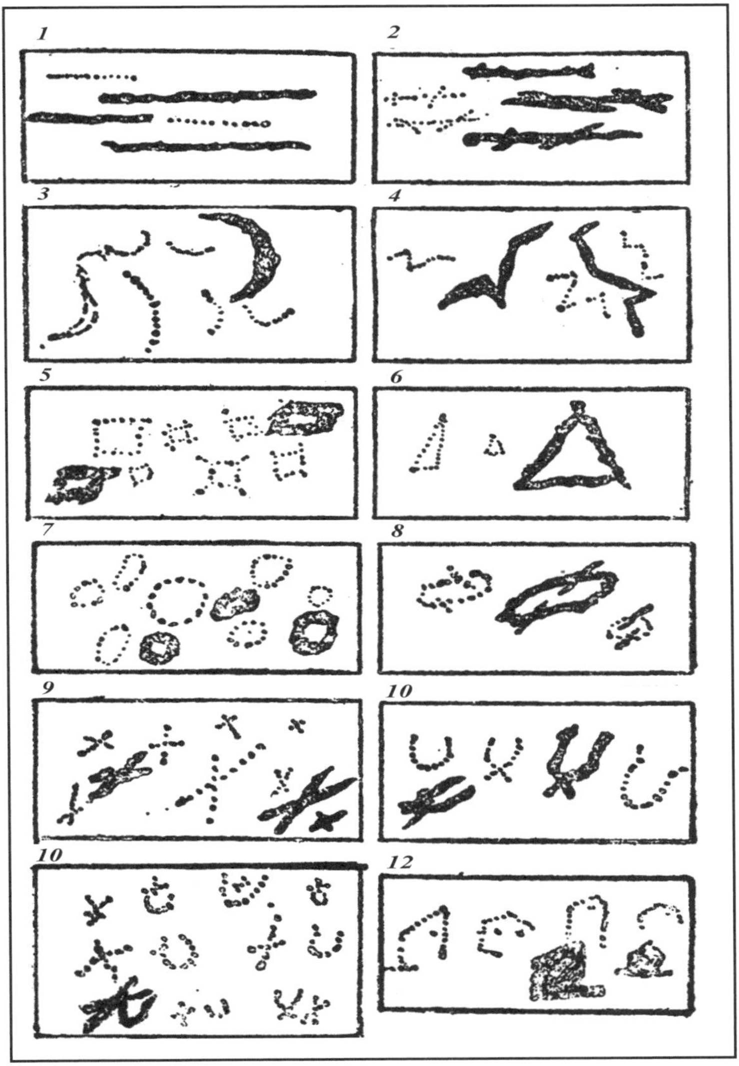
1
2
3
4
5
6
7
8
9
10
10
12

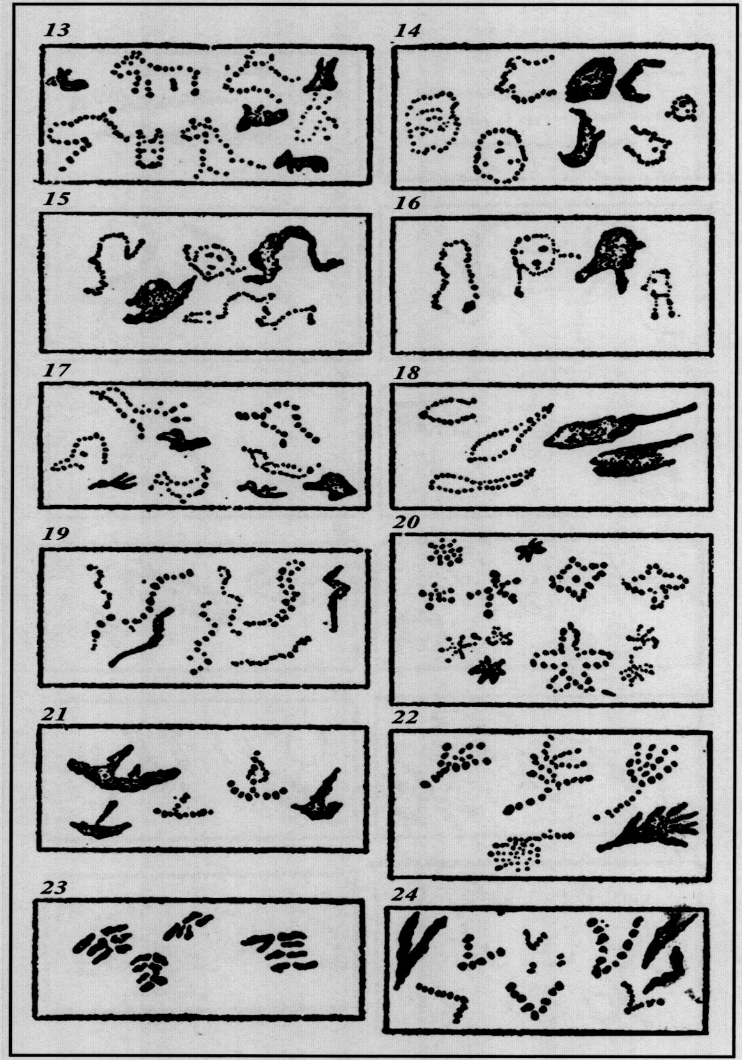
13
14
15
16
17
18
19
20
21
22
23
24

很多直線：年老的人沒有病痛的煩惱。
很長的直線：長命百歲、多福多壽。

〔二〕直線與斜線相交：有意外事故、生病。

〔三〕曲線：有惡友強奪妻子的悲劇事。
很多曲線：有些惡友在挑撥你們夫妻倆的感情。
高低起伏的曲線：最近將有遠行。

〔四〕折線：精神上有苦痛。
很多折線：少財產，有金錢上的苦惱。
斜線：將患得輕微的病痛。
很多斜線：你將遇到危險事件。
曲線與斜線相交：有事替人勞。
很多曲線和很多斜線相交加：你將有新的作風，另謀發展，過著與目前相反的日子。
斜線越過折線：心理有很大的苦楚。

斜線切穿過高低起伏的線：避免旅行，否則可能有危險事。

〔五〕**非常正的正方形**：幸福、快樂、陶醉、戀愛，且可以繼承遺產。

不規則的小方形：有人會妨礙你的成功。

相接的小方形：有人正在計劃要出賣你。

角與角相接的方形：遭強盜威脅。

〔六〕**正三角形**：近來將有新的發展，與欣欣向榮的氣象。

有缺口的三角形：你的地位不穩固。

二個三角形相交：你的地位穩固，事事順利。

三角形圈成一大圓：愛情至上、戀愛成功。

〔七〕**大的橢圓**：你會和興趣相投合的異性結婚。

很多橢圓：事業順利，有很大的發展。

圓：有人贈送給你銀製的禮物。

很多圓相接：發財、升官的前兆。

在圓中有數點：有喜事，得貴子。

圓中有三點：生貴子的前兆。

散開的圓：你會耗盡家財。

〔八〕有缺口的圓和橢圓：觸礁、處處遭困難、遭人背棄、事業上有陰影。

〔九〕十字形：親人或是愛人會死。

二個十字形：你會升官，得到高職位。

三個十字形：老年很幸福，享老福。

很多十字形：由於激情，生活動搖。

〔十〕冠狀形：有實際的舉動。

很多冠形狀：萬事順利，升官發財。

〔十一〕十字形和冠狀形：你的希望會破滅，或是有阻礙。

十字冠狀形的集合：死的預兆。

〔十二〕屋子（房東或地主）：家庭圓滿幸福。

屋子旁邊是圓形狀：你擁有房地產、很雄厚的資金。

屋子的旁邊是樹木：你有數不盡的土地。在鄉下是個大地主。

屋旁是十字形：你的家住都市裡。

屋旁是三角形：可繼承龐大的遺產。

屋旁是十字冠狀形：生活平淡、無高潮。

窗戶：最近遭盜賊。

〔十三〕普通常見的四腳獸：很好的地位將動搖。

驢：內部有麻煩事（家中或自己）。

象：做事成功。

駱駝：家中發生波折。

虎：以自己的氣力救出自己。

獅子：你先出手打人，而且打勝了。

狗：忠實、友情。

豬：謹慎防止放蕩的行為。

〔十四〕人的臉孔：由於新朋友給予你親切的感受，而使你接納友情。

〔十五〕人的頭（頭上有其他附屬物）：將遇到貴人相助。

〔十六〕**人的頭部**（頭的下方有其他物）：一生有大波折，苦惱圍繞。

人的側面：有愛人出現。

二個面孔狀：你的愛情有裂痕。

一個圓中有二個面孔狀：最近會結婚。

二個臉孔中隔著一條線：你會有離婚訴訟事件。

一朵玫瑰隔著二個臉孔：喜事、長壽、健康。

〔十七〕**鳥**：新婚愉快，內心洋溢著幸福。

〔十八〕**很多魚**：很大的幻滅。

一隻魚：有人請你吃晚餐。

〔十九〕**蛇**：誣告、嫉妒、背棄。

蟲：意料外的大麻煩。

〔二十〕**一顆星星或一朵花**：得到戀愛上的滿足。

很多星星或很多花：勝利、家庭幸福。

〔二十一〕**船**：最近將有遠行。

船的旁邊有十字形：為了家人的死而出遠門。

船旁有許多小枝：繼承遺產，儲備做旅行用。

〔二十二〕棕櫚樹的小枝：金錢上成功、繁榮、有遠行。

樫：可征服你的敵人。

柳：你會痛苦流涕。

爪草：有借款的情形。

〔二十三〕很多小山：防犯惡友。

〔二十四〕耙子：有大障礙、被人出賣、遭人唾棄。

很多耙子：打架、壞事重重發生。

三腳台：你可戰勝敵人。

舉些例子，請看下面：

如果咖啡豆在盤子上呈現的形狀是三角形時，則表示你的戀愛會成功，是吉兆。

如果蛋黃在白紙上顯出柳形狀，就可能遭受失戀之苦、痛苦、哭泣，是惡兆。

請你自己實驗看看，如果圖案不符合，必須再試，要專心一致的才能很快的示出答案來。或許程序麻煩些，你們反而發生興趣，太簡單的話，各位定會覺得無趣。

●紙占術

再談談簡單的紙占術。你在戀愛中，徬徨不知如何選擇對象時，或是，考慮是否應該答應對方的邀請時，請讓占紙術來幫你吧！

在幾張紙上寫著你的困難和解決辦法——放入咖啡杯中，倒入清水，看最先浮上來的紙條上寫什麼！那就是最理想的抉擇。

●麵包占術

麵包占，是把麵包放在十分乾燥的地方，三個月後取出來：

如果發霉了，表示愛情無望，不必再繼續相處。

稍稍有點霉，表示尚可妥協，請多加努力。

完好如初的麵包，則表示你在戀愛的過程中，一帆風順，請珍惜吧！

●水占術

你愛他勝過一切，卻不知對方的感覺如何？這時，你的心情一定就像宣佈判決書一樣緊張，何不聽聽天意呢？

你把小石子輕輕地投入裝水的玻璃杯中，泛起的波紋必須碰到玻璃杯緣，數數水波有多少，雖然這有點困難，但是為了愛，也就算不上是困難的。如果你的數字是偶數，那麼，對不起，對方的回答必定是「NO」，反之，若是奇數的答案，祝福你們，因為你倆早已心心相印了。

吃飯時，筷子竟斷成二半，或是穿鞋時，鞋帶斷了，這都是不好的前兆。

戀愛中的男女，是最敏感的，也是最有興趣試驗占卜術的，因此，我為年輕的朋友們解說一些常見吉凶前的徵兆。

四、吉　兆

晚上，無意中看見蜘蛛：有可能與愛人同床。

見栗鼠時：近來，將得到肉體上的滿足。

聽見鳩聲：得到愛人的心，她（他）將全心全意的愛你。

看見孔雀開屏：夫妻間幸福和樂。

看見白鼬時：你身旁將有美女出現。

馬蹄鐵是常見到的吉祥物，我現在寫的，是世人都知曉的事實——如果新婚夫婦在結婚當天，看見馬蹄鐵，真是個大好的預兆。

新娘子拾起來掛在家裏牆壁上，當丈夫犯了七年之癢時，拿出來給他，夫妻倆便似新婚時一樣恩愛。

五、凶　兆

早上起床時，或是白天看見蜘蛛時：將有煩惱，為愛情煩心憂慮。

聽時鳥啼：有受騙的可能。

看見猛獸類時：愛人很容易生嫉妒之心。

看見蛇：被人拋棄。

看見蜥蜴：防小人，不要中別人的圈套。

結婚典禮當天，聽到雞啼：家裏有糾紛事。

夢見石南樹：愛情漸漸淡薄。

還有一件可顯示凶兆的事，雖然不太嚴重，不過，請各位多加提防，小心不要弄翻了鹽罐子，因為這是有爭執的前兆。不論是吉或凶，在你打翻鹽罐子後，一定有事發生。

六、送禮物與各種占術

情侶們，特別是女性，最珍惜愛人送的禮物，當他送給她一條絲質的手帕時，那種興奮就好像：古戰國時代，領主送給武士一匹俊馬般神聖。

禮物既然具有如此大的力量，情侶們就更該謹慎選擇才是，它不但可以替代戀人的話語，也可顯示你倆愛情的吉凶呢！

●可以贈送的吉祥物

黑貓、白鼷鼠、黑鼠、龜、鳥、鏡子、水晶、玫瑰花束。

黑珍珠、藍寶石、碧玉、武器、盤子、土耳其拖鞋、屏風、沙漏、短刀等。

●戒指占術

有一種戒指占術，方法如下：

準備一只戒指，女性坐在桌子前方，在桌上擺一盆花。拔下一根自己的頭髮，綁在戒指上，拇指和食指捏著那根垂著戒指的頭髮，懸空在花盆的上方，視戒指搖動的狀態來判斷吉凶：

向左搖擺時：你的希望無法如願。

向右搖擺時：可達到你的願望。

向著你搖擺時：請打消你的念頭吧！那是無法成功的。

向反方向搖擺時：吉兆，戀愛定能成功。

請注意！我現在要公開戒指的護符法和戒指的暗示了：

戒指帶在食指上，表示：「我可以接納你的愛。」

戒指帶在中指，則表示：「我是你的。」

戒指帶在無名指上，是說明：「不！我已經訂婚了。」

帶在小指上，表示：「我是終身不結婚的。」

如果右手腕上帶著手環，表示：「我雖是自由的，卻不想結婚，所以，你是白搭。」

左手帶手環，表示：「我可以與你做朋友。」

如果兩隻手都帶了手環，則是告訴他人：「我是不自由的。」

賢明的女性們，聰明的藉著護符來保護自己，這也是花語，亦是寶石文字的一種溝通的妙法。我要告訴各位一件有關戒指的占卜術，雖然是件小事，卻關係你一生的幸福。

在結婚典禮上，新郎把戒指套在新娘的手指上時，如果是很順利的滑到手指底端，表示這位新郎將可一輩子支配太太。

若是不幸的，只帶了一半而套不下去時，就不妙了，新郎勢必要服服貼貼的聽太太的話。

因此，新娘總是故意彎曲手指，阻礙戒指順利套上，新郎倌們，請留意啊！

●太陽光占卜

下一步是，以太陽光占卜戀愛。年輕人即使在戀愛中，內心然燒一團烈火時，也能像動物園籠中的老虎一樣熟睡，但是明天早上，你要準備三個鬧鐘喚醒自己，才能藉太陽光來占卜你的愛情！

一大早，太陽未上升前，你在幾張紙上各寫著：「他愛我」、「我愛他」、「我能和他結婚」、「不能與他結婚」等等，弄混了之後，放在太陽曬得到的地方，在地上畫一個圓，紙片放在上面，虔誠的等待太陽光的來臨，第一張受到太陽光照射到的紙片，就是你的答案。

●五月夜、鏡占卜

親愛的小姐們，五月是最美麗的，而且被稱為「小姐」的各位，也是正值青春奔放的年齡，想不想知道未來的另一半長得如何？

若願意一試者，請聽我道來。

自五月最迷人的第一夜開始，在月光下，拿著一面小鏡子，持續九天。而且在第九天那晚，把鏡子放在耳下，專心一意的祈願，妳就可以在鏡子裏見到他。那時候妳的神態一定勝過亞歷山大的美姬古里西亞在月光下的高塔上照鏡子的動人姿態。

天一亮，妳就要出門，送錢給第一個你見到的乞丐，如果是個男乞丐，就表示你可在一年內和他結婚，若是位女乞丐，你就必須再多等一年。

●紙占卜

以下的方法，男女可以通用，「我該和那一位結婚較幸福呢？」把可能結婚對象的名字寫在白紙上，捲起來。

然後，燒一鍋開水，鍋子上放一篩子，把幾張捲起來的紙放在篩子上，由於水蒸氣的幫助，先張開的那張白紙上所寫的姓名，就是妳（你）結婚的對象。

噢！最重要的，你另外要捲一張空白的白紙，若是這張白紙先開，很抱歉，你將一輩子獨身。

有一位瀟灑大方的男同學，邀請妳去聽音樂會，妳考慮良久，沒有主意，這時，妳就把「去」、「不好」、「他會生氣嗎？」……等紙條反蓋著放在桌上，拿扇子輕輕扇一下，看看先翻過正面的是那張，照著紙上寫的去做，就沒錯。

●鞋子占卜

「結婚？」「不結婚？」你迷惘了，不知該走那一條路好，這時，請你站在樓梯上，把腳上的鞋子拋高，落下地時，若是反面，表示你不宜急著結婚，若是正面，你可以馬上步入禮堂。

●鳥啼占卜

在聽到時鳥啼聲時，趕快把手伸到口袋裏，握住錢幣，心裏問：「時鳥啊！請你告訴我，可不可以談戀愛？」

這時，時鳥若啼二聲，則表示好的預兆，不久你將會遇到投合的對象；若只啼一聲，希望渺茫也。

●靜悄悄的占卜

年輕女孩縫衣服時，突然針斷了，表示有個男孩在愛你。

翻倒了火柴盒，最近可能有喜事。

有人送戒指給你，則表示愛情和幸福。戒指如果掉了，則有不合的可能。如果戒指壞了，是離婚的前兆。若是戒指碰歪了，有人會背棄你。

女性無意中，把襪子穿反了，是表示愛神來訪了，或是對愛情的憧憬。也有可能收到禮物。

女性把手杖弄壞了，是惡兆，丈夫或愛人會拋棄她。

女性弄壞了剪刀的一邊，是表示：愛情中斷。若兩面都弄壞了，愛情就很難恢復。

馬的蹄鐵是吉祥物，情侶二人一起看見，則彼此真誠相待、白頭偕老。

第七章 詛咒

一、巴比倫等的咒術

「書經」《無逸》周公曰：

「古之人猶胥訓告，胥保惠，胥教誨，民無或胥譸張為幻，此厥不聽，人乃訓之，乃變亂先王之正刑，至於小大。民否則厥心違怨，否則口詛咒。」

《疏解》曰：「詛咒謂告神明令加殃咎也以言告神謂之咒請神加殃請之詛。」

佛教雖然嚴厲禁止，但是對魔法的神秘術非常信仰。自古以來，每個民族，不論人種、膚色等不同，卻都有他們特有的咒術，咒術也非常盛行用於醫療上。因此毫無疑問的，咒術與古代人一直關係密切，是他們生活中不可缺少的一部份；也佔了原始宗教的大半，這已是一個不爭的事實。

Maklu —— 燃燒

Ti'i —— 頭痛

Asakki marsuti —— 熱病

Labartu —— 惡魔婆

Nis Kati ——— 舉手

偉大的神明啊！請站出來聽我哀論吧！為我的情形主持公道。
我跪在您的面前，向您祈願，諸您破除那妖術者的魔法。
這位惡極的魔女趕盡殺絕的做壞事，她的雙手是血淋淋的。
讓她死吧！給我生命啊！
請破除她的妖術和詛咒，
以奇奴樹的嫩枝清潔我吧！
解放我！讓風吹去我口邊的邪香。
以長在大地的馬修達魯草清淨我。
像干他魯草的光榮一樣榮耀我，像清潔的拉奴司魯草一樣給我清白。
魔女是邪惡的，
破了她的咒，取出她的心，割去她的舌。
夜之神，請懲罰她吧！
以蠟塊封住她的嘴，把她的舌溶化為蜜液，我的不幸就像蠟塊一樣堵上她的嘴。她加在我身上的咒語就像溶化的蜜液般。

打斷她的魔法，破壞她的法術。

（Jastrow：「Religion of Babylon and Assyria」）

以上是古代的巴比倫、巴西那亞等地破除咒文方法的例子。

二、印度的咒術

印度當然是魔法的中心，咒術很發達。最古老的咒法書中記載了阿達婆吠陀的種種咒法，那是由阿達婆和鴦耆羅，兩派的僧侶聯手合著的，這兩派都擅長咒法。書名叫《阿它魯孟加拉司》，也可說為阿達克加。

阿達婆族的咒術，是無害、有益的。鴦耆羅族的黑咒術則是有害、邪惡的。

「此吠陀英譯的書中，把咒文讚誦等分為十類。」

㈠、除百病以及鬼病，是所謂除病咒。

㈡、祈長壽健康，是所謂延壽咒。

㈢、破除惡靈咒術，是所謂調伏咒。

㈣、關於婦人的咒。
㈤、關於國王的咒。
㈥、獲得和合權等的咒。
㈦、獲得繁榮的家財、家畜業、賭博的咒。
㈧、消除罪垢的咒。
㈨、祈求得到婆羅馬種的利益的咒。
㈩、有關宇宙起源之神智的讚誦。

（武田豐四郎，《印度神變術》、變態心理等。）

原來阿達婆吠陀的咒法是，確實相信咒的靈感和實物是相結合的表現叫象徵主義。吠陀僅是單純的收錄神咒，缺乏實際使用的驗證，也就是所謂儀軌。幸而，阿婆達吠陀的諸咒，以及附隨著的象徵物，可以利用。

印度的耶迦經和維它納經，現在非常風行，這是利用阿婆達吠陀的咒法，以及利用附隨之象徵物而實行出來的。

三、白咒術和黑咒術

在前面我說過詛咒可分為白咒術和黑咒術，現在再說明如下：白咒術雖然與黑咒術一起使用，但是白咒術是宗教的一部份，有利於社會，是值得發揚的咒術。而相反的，黑咒術是利己害人的咒術，它的目的是反社會、反人類、害人利己的一種自私魔法。

我舉個白咒術的例子如下：

求雨時，或是長久下雨，請求天晴之法，五穀豐收的咒術等等有利於社會的咒術。

相對的，黑咒術是詛咒他人，控制自己所愛的女人，或男人，對個人的咒術，有危險性。

按照佛拉教授的說明，可分為兩個部份。

感染性咒術（Con tagious magic）

類比咒術（Homoeopathic magic）

感染性咒術是以種種事物的物質關係為基礎。比方說，把愛人的毛髮取一些，煮過後，無情的男子則會身心不安。如果要防止自己的毛髮、指甲屑、掉的牙齒，被別人撿去，那麼你就應該用心的把這些東西埋在院子的土裏，或是燒掉、埋起來。

類比咒術是：做人形，以釘子打進人形中的方法。

礙於篇幅的關係，在此我僅對黑咒術作詳細說明。特別是有關愛的詛咒、憎恨的詛咒。按照耶列斯的有關妨礙男女結合的詛咒，可分為十一種：

一、以某一種植物來冷卻男女之間的感情。
二、以某一種植物，消除做愛的意念。
三、幻惑男女，使他（她）頹廢。
四、分開戀人。
五、釘上木釘。
六、妨礙性交時的男子行動的咒文。
七、防止移情別戀的咒文。

八、妨礙性交動作的咒文。

九、使男性性器過大、過柔和使女性性器不能縮小的咒文。

十、令男子生氣的女性性器。

十一、似柄插入孔穴般，使男女無法分開的咒文。（意思是，當男女性交時，詛咒他們無法分開。）

四、繩子魔法、詛咒

（L'Amouret La Magie, P. 156-159）

詛咒就是Envoutement和Nouement。自古以來，人們將被貝基多·巴比魯和前者混合，是不對的。我亦不知Nouement的確實意義，大概是，以繩子施魔法、詛咒。日本也盛行這種詛咒。

奧比傳和巴傑爾時代，Noueent是用來：「製一個蠟像，要與對方相似，穿著對方的衣服，一邊唸咒文，把蠟燭縛起，像絞首的人一樣，脖子綁著繩子，以釘子打在肝臟的部份。」

Nouement的咒法，風行在希臘諸國，中世紀時仍存在。想詛咒一對男女

（不論是情侶、夫婦，或未婚夫婦），在他們將要經過的路上等著，看到他們倆面對面笑的時候，你在內心裏詛咒他們，拿一根繩子兩邊打結。

耶魯巴奴・奴布基先生說：

「取剛殺的雄狼陰莖，拿到情敵家門口，喊他的名字，聽到他回應時，拿白色的繩子綁住陰莖。」

結果，他的情敵就沒有辦法動彈了，真是奇妙的法術。

詛咒的解破法，是以潔白的鹽，烤啄木鳥吃，或者是，把死人的牙齒投入火爐中，吸散出來的煙。也可以帶著嵌了貂的眼睛的戒指等等。

充分（pline）的解破法是，在房間裏的窗戶塗上狼的脂肪。

五、詛咒蠟像

有一位美男子，被一位巫女施了巫術，而整日昏迷般的接受巫女的擺佈，他忘了自己的太太，而且與巫女生活在一起。被拋棄的太太絕望極了，整日以淚洗面。有一天，有一位道士指示她解破的方法。她謹慎的到巫女家，趁他們不在時，在床下找到一個壺，把壺中的癩哈蟆眼睛遮住。太太回家後，發現丈夫回家了，原來那巫女的魔法已破。丈夫回家後服下列斯的秘藥，而且帶給太太最大的滿足，來彌補已往不在家的日子中，妻子的空虛。

蠟和洗禮的聖油、祭牲的灰畫一幅人像，穿上你對手的衣服，口中唸著咒語，以針刺那人的形象。

Richard Barham（一七八八～一八四五）的《英哥奴茲畢的傳說》（Ingoldsby Legends）中，記載許多有關魔法的例子。我從其中選一個例子告訴讀者。

有位名字耶拉茲的醫生，住在弗克司東鎮上，他不安於室，而且暗戀富豪馬續的妻子。因此，出下策想殺死馬續，佔有他的太太。

耶拉茲懂得詛咒的方法，他製一個很像馬續的蠟像，把針插進蠟人的腦裏。因此，馬續覺得非常苦痛，而漸漸衰弱。如果要一下子殺死馬續的話，也可以手槍射人像，馬續差一點就喪了命。但是大難不死，有一位魔法師救了他，因為那位魔法專家懂得解破妖術的方法。

我要大略描述一下當時魔法師破咒語的方法。雖然字數略多，卻很值得讓各位有如臨其境般的感受。

「那是一間很大很大的房間，帶有陰森恐怖的氣氛，因為它的四周都圍著黑色木牆。天花板上吊著一盞燈光很微弱的燈。有一個角落，放著一個像棺材的箱子，箱子上面掛著時鐘，另一個陰暗的角落擺著一個黑檀製的鏡子，鏡前有枝未點火的蠟燭；房間的地上中央畫一個大圈圈，直徑大約六英尺，中間寫著象形文字，還有一個髑髏形的人像；牆上掛著一把刀出鞘的長刀，一隻靜悄悄、邪惡模樣的大黑貓。

魔法師先生走到鏡前，點上蠟燭光，火焰很神秘的照在鏡子裏，他回頭看看時鐘，突然神色一變，叫馬續先生立刻脫下衣服，躲在浴缸中，一看他手指的方向，所謂浴缸原來是那個像棺材的大箱子，而且箱子裏堆了好多垃圾，那時是冬季，馬續先生如何忍受得了冷水浴？

他瞪著魔法師先生和大黑貓，全身顫抖著。

（中間省略）

火爐的煙直往上冒，馬續先生陷入極恐怖的狀態中，而且覺得腳趾、手指疼痛不堪。他終於忍受不了，大叫了起來。奇怪的是，鏡子裏出現了耶拉茲的房間景象！在那個房間裏，有一個黑檀木的櫥櫃，門是關著的，而且在黑漆漆的門上掛著一個蠟製的人形像，一看，真讓人嚇昏，那個人形顯然是馬續先生。兩手被釘子牢牢釘著，背向著人形站立的，正是耶拉茲，那位可惡的醫生。

緊張的時刻到了，眼見耶拉茲拔下牆上掛的箭，就在箭口指向馬續的人形像時，黑貓大叫了起來。

『趕快照我的話做，你想死嗎？』魔法師神色慌張的對馬續說。時鐘指著八點五十五分，再過五分鐘馬續的命就挽救不回來了。在陰暗的燈光下，馬續恍惚已到了陰界一般，卻在不知不覺中脫掉自己的衣服，鞋子也摔得遠遠的；顧不得骯髒的浴缸，也不怕它像棺材般恐怖，更忘了冰涼刺骨的冷水，他一下子逃命似的滑跌進有硫磺味的水裏。」（下略）

詛咒的方式有一種是以動物替代的。選一種動物，把詛咒對象的名字寫在紙帶子上，繫在動物脖子，一邊念著咒語，以刀直刺入動物心臟，然後取出其內臟，以偷來的對方的衣服包起來，再拿釘子牢牢的釘著，必須在三天之內不停的詛咒。此時，對方的痛楚就像自己被釘牢一樣，最後終於死於極慘的狀態下。

蠟像也可替代詛咒，把對方的名字寫在很像對方的蠟像上，旁邊放著一隻祭牲，施以咒法，以其衣服包著，埋在他常經過的路上，你詛咒的目的就能成功。

未開化的部落中，至今仍確信不疑，他們不僅依賴咒術的力量，也尊敬使用巫術的人，真叫人心寒啊！

「脫列司海峽，有一種類似葡萄樹那樣的植物，樹上的葉子在某一個時節中會全部脫落，剩下來的莖根，一節一節的像極了人的骨頭關節。咒師就是取此樹的枯乾枝施咒法害人的。

咒師詛咒的方法是，把對方的關節寫在各個樹枝上，如『腕』『腳』等。咒師似鷹捕捉到魚，撕裂魚般蹲著撕斷其根莖，向背後拋去，眼睛瞪得兇狠嚇人，然後頭也不回的快速離去。

詛咒的對象必定在短時間內痛苦死去。破除的方法也是有的，只要拾起樹枝，一節節的結合，灑上咒藥，被詛咒的人就能很快的恢復健康。」（哈德著植木謙英譯《咒法和咒物的崇拜》）

六、瞿雲仙人詛咒

「古傳說，阿哈力亞是梵天創世最初創造的女人，她是瞿曇仙人的妻子。帝斯暗戀阿哈力亞，嫉妒瞿曇仙人，因此起了邪念，想趁著瞿曇不在家時，佔有阿哈力亞。他帶了月神一起到了瞿曇家，令月神變成一隻雄雞，守在門口，自己打扮成瞿曇的模樣，阿哈力亞不疑有他，就親熱的與裝扮成瞿曇的帝斯做愛。

此時，真正的瞿曇回來了，門外的月神卻茫然不知，更沒有通知房裏的帝斯，大事不妙了，瞿曇見了房間的情形，勃然大怒，他對帝斯施以魔法，把他變成一塊石頭，石頭上掛著一千個子宮，把他投入大海中，如石沉大海般永不復生。諸神憐憫他，就拿了一千個眼睛將他換回來。

另外還有一種說法，瞿曇將帝斯去勢，諸神以羔羊的睪丸補上（拉卑努拉基司著，動物譚原一卷四一四頁、二卷二八〇頁）。

這件事在佛典也有記載。僧伽須那所撰《本緣經》中寫著，老梵志靠了婆羅馬的威力誇耀一定要取月光王的頭。瞿曇仙人在帝斯身上化了一千個女性性器，使帝斯的身體變成羯羊形。

一九一四年，孟加出版的耶多霍魯，民俗記五四頁記載著：

「帝斯正與瞿曇仙人的妻子相好時，安加尼的女帝斯趕來救他，所以，瞿曇詛咒女帝斯，咒她會生一個私生子，安加尼的女帝斯害怕極了，她為了避免瞿曇的話應驗，就把自己的下半身埋在土裏苦行，請求西娃女神幫助她。西娃女神受到她真摯的感動，派了風神把真言吹進了女帝斯的身體裏，但是風神卻不小心的把真言吹進女帝斯的子宮裏，因此受孕。生下了哈努維，在女帝斯懷孕時，第一眼見到的是一隻猴子，而哈努維生下來時就像那隻猴子。」（**南方熊楠「有關猴子的民俗傳說」**）。

瞿曇大仙的詛咒實在是高明，令人覺得十分刺激，而美中不足的是他的太太阿哈力亞被帝斯強佔了，我們深為之叫屈不已。

東西方都流行：將對方的形象埋起來詛咒對方。有名的占星術師 Thebit ben Lorat（八三六～九〇一）說出製造偶像的材料，有鉛、錫、青銅、金、銀、蠟、粘土。如果此些物體製造的人形像，再加上儀式，則可得到成效。這是占星學的極致，而且證實了人力所不能達到的境界。

占星術的魔法儀式如下：詛咒對象的人形像，在背面寫上古咒文，再用污染血跡的布包起來，埋在墳場附近的地底下。

埋人像的方法，可達成你心裏的願望，例如，驅除毒蟲蠍、預防他人中傷、可找回遺失的盜竊品、事業順利成功、克服天災人禍、退除敵人等等。

古典婆羅門式魔法記述詳細的過程，如下：

●令他人無法進行性交

〔一〇六〕以克拉多‧多茉帕的粉末散佈在四周，則敵人無法攻進你城堡，也可使男子性交無能。

〔一〇七〕收集蝙蝠糞，塗在婦女身上，你將可得到她，也可與她享樂一輩子。

〔一〇八〕把蝙蝠糞覆蓋在石磁上，與粥混合燒黑。塗在婦女身上，她將保有青春美麗。

〔一〇九〕將驢馬的精液、紅面猿的精液混合。塗上這個液體的男人，則不能與其他婦女性交。

〔一一〇〕帕米克拉多的葉，搗碎擦在足上，男子洩精時，把整片葉子覆上，可致使對方性無能。

〔一一〇〕野羊的尿、米多他里的粉末，加上六滴女性經血，和列米克拉的粉末，給男子吃後，可使性無能。

〔一一三〕人的脇部骨與駱駝的骨貫通，放在睡著的婦女頭上，男子將不敢侵犯她。

●產生怨憎之法

〔一一四〕梟、黑烏鴉的血，混合乳酪，以柴火然燒，摩擦手掌八遍，即可產生怨憎。

〔一一五〕鴉、梟的毛與血，以樹枝沾著寫上兩人的名字，燒掉護符。

〔一一六〕鼠或貓、婆羅門、空行者之毛，燒成煙時，吸入此煙則生怨憎。

在這些古典魔法中，有許多專有名詞，我不甚明瞭的皆省略不談了，日本出版的戀愛辭書、魔法辭書、妖怪辭書中，都有明確的解說。

七、中國的咒術

其次談談中國的秘法，中國詛咒憎恨的人其方法如下：

（一）以木頭製成人形埋起來。

（二）以紙製的人形埋起來。

（三）類似降神術的方法。

（四）以蒸過的貓詛咒對方。

（五）以針刺人形像，或是刺傷全身。

以下是，永尾龍造先生著的《中國的民俗》，提供各位參照概說。

自古以來，就盛行以人形像埋入土裏詛咒他人之法，如果以木製的人形像，則必須選用桐木製成，寫上對方的出生年月日，專心的唸咒文、祈禱，以針刺人像後埋入土裏。

（六）由專門巫男幫助施法。

（七）滿洲人實施的咒文，也可由物品、金錢替代，或是以蒸貓來詛咒。方法是，將對方的生日（八字）以白紙寫黑字的樣式寫上，捕貓一隻，將其四隻足縛起。把八字書與貓一起放入蒸籠中，加火炭一起蒸烤。那麼，貓所受的苦痛就是那人所受的。對方將如貓一般，最後痛苦的慘死。

（八）扎人形像的眼睛。先預定要在幾天內置對方於死地。第一天刺人像的眼睛，第二天割去耳朵，割傷鼻子，最後那天，一刀刺進人形像的心臟，那個仇人就會痛苦的死去。

定日期時，日數要以七日為基準。二十七日、三十七日、四十七日、五十七日，依此類推。在傷害對方人形像時，必須配合著咒文。

定好日期時，必須準備同樣數目的蠟燭，點燃，每過一天就吹熄一枝。期滿那天，蠟燭亦全數滅去。

一般的詛咒憎惡人方法是：穿白衣、散亂的頭髮，點燃蠟燭，對著人形像施咒法，以五寸的釘子打入對方的心臟上，房中必須陰暗恐怖，靜靜地，只聽得到一聲聲釘子打入木製的人形像聲音。

土人坊主所創的紙人形，加上花魁達施行的咒法，則更高尚壯大。在宗教上，較常使用大先達護摩修法。宮廷間亦使用此類，民間後來才盛行。

Iules Bois使用的愛的詛咒與咒術（利用蠟人像），與克拉莫時代的儀式大致相同，關係極為密切。以此詛咒調配出的飲料和食物的效果，將勝過媚藥與護符。

八、《魔法的秘書》記載的咒術

取巫女自身之物，與你追求的對象之物（毛髮、指甲屑）混合在一起。沾著紅色的鮮血，寫上她的名字，包起來。

放入麻雀的體內，贈送給對方，請她放在腋下挾著，保存數天，取回後，燒掉，那麼你倆可白頭偕老，不會移情別戀。

古代魔法的處方如下：

製作男女的蠟像，唱著咒文Veni ole sancta sede Adonay timor qui omnia advoluntatem uostram coarctabit。在英國都盛行此方法。也可以小羊骨來刺那人形像，一邊唸著：「我要愛人來愛我，不眠不休的想著我。」

世上年輕男女，若是墜入情網，請你試試此一魔法，那麼，你的愛人將與你同樣，熱情洋溢，像患了熱病似的跟著你。

現在戀愛專門魔法神，將透露戀愛的咒法給世人知曉，千萬要仔細閱讀，不可錯過這個機會啊！

首先，尋一處沒有人跡的靜寂處，或是面對著寬廣一望無際的海洋，再不然就是在山頂上，也可以簡單些找一間秘室。

選定了場所後，在場所處選一塊空地，關緊窗戶；深夜到臨時，即可以開始修法。

獨自一人在房中，喝咖啡、抽著中國製的香菸，慢條斯里的開始展開魔法。若是你覺得一個人有些恐怖，不得已時也可以請一位確實懂得巫術的巫女協助你。她可以指引你如何做法，但是絕對禁止說話。

在此以前，你要準備新的蠟燭、酒精燈，還有女人的內衣、愛人所有的布片、毛髮、自己親手寫的信。點燃蠟燭後，在舉行儀式的房間中，充滿了青白色的慘淡火光。這時，儘量的放鬆自己，脫去身上的衣服，光著腳踏在磁器板上，或是瀑布上面，手裏拿著蠟塊，以燭光溶化，輕輕的放在自己額上，捏一捏。

再就是，把你愛人所有物的斷片小節混合在一起，有戀人照片更好，若是沒有照片，就雕刻一似愛人的蠟形，當然，你一定刻的不像愛人，但是不要擔心，這樣就可以了。蠟像完成時，燭火熄滅，黑暗籠罩著你，此時就是偉大魔力出現的時刻。

你必須雙手捧著蠟像，對著她談情說愛，毫不遲疑的，肯定地對地底下的妖女懇求你的心願。

「我愛你，我愛你！你也應該專心的愛我，愛我！」

你反覆的念著這句話，不久，你將因為過度興奮，眼睛模糊不清。此時，黑漆漆的屋子裏會出現一道光線，你把雙手放在愛人的蠟像上，瞬間會有一股溫暖傳遍全身，好像蠟像也顫動起來了。

不要怕，也許你有些苦痛感產生，不要發抖，低聲的反覆唸著愛人的名字。這時，你將有種奇異的認同感，好像在你與愛人身上緊緊連繫著一根繩子。

你必須謹慎的把蠟像包在帶有你的體臭味的襯衫中，藏在一個秘密的地方。

隔天……，如果一切順利的話，你應該有種滿足的感覺。若是沒有反應時，你也必須沉住氣，鼓起勇氣等待七、八日過後，再照著前面所指示的方法重複做一遍，一定可以達到你的心願。

以下我引用竹中歌吉先生的《俄國民間的魔法和占卜》一部份。

隔著福巴林海遙遠的地方，有一座黃金色的京城，和一大棟黑暗的宮殿。那裏面有個善良的年輕人，卻被嚴禁在深牢裏，手上銬著七個大環的鐵鍊，從門口進去必須通過七個上了鎖的大門。因此從來沒有人願意去救他，或是送食物給他。只見他孤苦伶仃的一個人頻臨死亡的邊緣。

有一天，這位年輕人的母親來臨了，帶了甜蜜的美酒，雪白大顆粒的白飯，勸他儘量的吃個飽。

母親心疼的對她的孩子說：「噢！真是悲哀啊！孩子，不要在他鄉求功名了，看著你歷盡風霜，磨練武功，真叫人心痛啊！年輕人，不要再與他人比賽了。希望你能跟娘回家，在父親的宮殿中享受平靜富庶的生活。」

母親未說完，年輕人回答說：「使我走進滅亡之途的不是狂風，也不是敗在我手上的敵人，我更不願意在他鄉求功名。媚惑我的，是那位公主啊！」

可憐的母親對著誘惑她兒子的公主說了咒語：「烈風啊！請你施展魔力，吹裂公主白嫩的胸部，割開有血的心，叫公主嚐到悲痛與憂傷。請讓我年輕的孩子更可愛吧！讓我的孩子得到光明，把一切的快樂榮耀都賜予他身上，讓公主為了愛他而煩惱、哭泣、不分晝夜的跟在他身邊，沒有他，公主就一天也活不下去。就是阿拉伯那位能吞下巨石的男人都不能妨礙我所許的願。」

九、印度古典文學中出現的愛的詛咒

〔四〕唸愛的詛咒十萬遍，而且在每數到第一萬遍時，就以克斯卡花來供拜，即可達成心願，這時呼吸中的男人會將燈光的火焰吸入男性性器內。

〔五〕得到蓮花滴下的甘露，可得到性高潮。唸著愛的詛咒時，可促進性的滿足，愛神會指引你。

〔六〕唸著愛神的咒語，對著你心愛的女人說：「引導！引導！」愛神會幫助你的。

（七）手中拿著克休卡，或是卡拉魯巴之花，唸著愛神的咒語，每到一萬遍時，就供拜一回，即可成功。擁有此咒的人，晚上可以與美貌女子同床共夢。

（八）昆達里妮（夏布傳的女神）的神秘力，可以令他經常擁有美貌女子，而且可以促進性的需求滿足。

（九）唸愛神的詛咒七十萬遍，愛神將會出現於愛人面前。巴拉斯巴達（言語之神）會在言語中出現。

（一〇）對著巴達拉之花誦咒二萬遍，一半的時候必須供奉，那麼你絕對得到成功。

（十一）黃、白、黑色的花，依次的排放在脖子、胸部、膣部，一邊唸咒語，如此可以引導婦女來到你面前。

（十二）誦咒「昆巴達，巴達，巴達啊！古罕沙文，布林魯席比，司馬哈」，一萬遍後，再供奉阿魯那之花一千遍。你可出奇制勝。

（十三）以手指放在女性膣口，誦唸著愛的詛咒，婦女則如甘蔗壓迫一般，很快的達到高潮。

〔十四〕在日出時，誦唸十萬遍，每第一萬遍時，供奉默拜，史多魯加女神也能引出來站在你的面前。

〔十五〕再咒誦二十萬遍，供奉卡他萬原之花，或是默誦托多馬斯的咒語，能救出跳入火中尋死的婦人。

〔十六〕那蒂瓦根托達（不話）的種子與牛黃（以歐牛的尿或是膽汁混合製的黃色藥物）搗碎，散佈在頭上，唸咒十萬遍，可以得到她的注意。

〔十七〕對未婚女子唸咒「喂！加門弟，布魯布魯，巴夏門，阿那亞，亞木金，司巴海」之後，你可娶她為你的妻子，一輩子快樂。

〔十八〕「喂！桂門略，佳邪，牙思，阿那果，阿木金！司巴海」誦咒之後，這是控制他人最有效的方法。

〔十九—二十〕拿下死人頭上的花圈，與共命鳥、孔雀的骨額、隧風飛揚的葉子，一起混合後製成粉米。散佈在女人頭上，可控制她。

因此可見，古支古加引進的詛咒，有類似的秘密傳教修行法，換言之，我們可以想到釋迦死後，婆羅門教混合而產生一種咒法，也是秘教的發展經過。

十、詛咒中的邪視

詛咒中所謂邪視就是貪慾、憎惡、嫉妒充塞心中的邪念而產生。不論人或畜見到此邪視，都會受害。自古以來，印度和阿拉伯人都害怕這種邪視。如果生下邪視的孩子，就隱藏起來，不為人知，而且給小孩子取一卑賤的名字。

在歐洲的古寺院前，多雕刻些有奇異的神像，暴露男性性器，不僅是生殖祖先的遺跡，也是由於相信避免邪視護符的效果。

日本飛驒的牛蒡種多少有邪視的風俗，被牛蒡種邪視的人，會馬上生病，甚至死去，它的邪視不僅對人有影響，對有關人的一切吃、喝必需物品，都有很大威脅力，如果農作物，一旦被牛蒡種嫉妒，則會萎縮死去。

以下是詛語，日本人不太相信此種詛語，中國人對它卻興趣濃厚。

「古印度先人的詛語，可怕之至。記載著梵授王受到美女的迷惑，王的最小女兒嫌惡父親意志不堅，而自願與大樹仙人在一起。大樹仙人為了替她出口氣，便詛咒王的九十九位女兒，個個彎曲著背，毀去美麗的容貌。無法與他人結婚，因此梵授王的宮殿頓時變成妓女城。」

「古天的太太紅杏出牆，與巴魯根通姦。古天失去理智一般的追殺姦夫巴魯根。古天對著他母親詛咒說：『巴魯根被荊棘勾倒』古天趁機殺了巴魯根。

但是，與巴魯根同村子的人不願看到如此殘忍的古天存在。因此，都離開他，不與他來往，古天與父親兩人又受到殘忍的詛咒，古天被毒蜂螫死，他的朋友皆成為化石。」

十一、克魯奴巴的詛咒

「古吉魯的村落附近，住著一位隱者叫克魯奴巴，我有一次專程的去拜訪克魯奴巴，他的長相是如此叫人害怕，與平常人大不相同。他也吃著印度人喜歡的芒果酒，在與他談話中，我瞭解到他經歷中的一部份。

據說，大約五年前，他因為到巴拉蒙教徒的家中治病，所以住在鎮上的市場邊一小屋裡，有一天，他沿著大馬路托缽時，看見一家邸宅門開著，他進去後，才知道原來是警察局長的官邸，他是個回教徒，因此克魯奴巴想，也許可以得到一頓豐盛的食物，他滿懷希望的站在臺階上，敲著缽，照慣例他總是閉著眼等待來到的施主。

這時有一男僕出來了，拿了一大碗白米飯，但是，出人意料之外的，主人竟然是個極嗇吝的人，他剛巧從門外進來，看見此景，就大罵男僕，叫他退下去。對隱者克魯奴巴說：『為什麼到這裏來討飯？再不走，不要怪我對你不客氣了。』克魯奴巴只是默默的瞪著這位不通人情的警察局長。一向專橫霸道的局長卻被隱者尖銳冰冷的眼光懾住，倒退了好幾步。

隱者好久後才回過頭，慢慢的走出花壇，到了大門，然後站在那裏正視著這座諾大的宅院，凝視著說出詛咒的話——『你與家人都將死於災難，大地吞噬你們，你們將永遠得不到安眠！』——說完後，抓著一把沙子灑到自己頭上。

警察局長強忍住自己顫抖的身子，鼓起勇氣說：『我不信邪門鬼怪，不怕你的威脅。』還拿出杖棒來，想打退隱者，但是早已沒有隱者的影子了。

隨從們都害怕詛咒會實現，警察局長卻付之一笑，而且不願人們再提起，也不允許僕人施米給外人。

沒幾天，警察局長家中那位十歲的小公子，突然沒來由的生病了，痛苦的呻吟，舌頭僵硬，不能說話，問他事情，亦無法得到答案。頑固的局長想起隱者的咒語，這才驚慌害怕起來，知道事態嚴重，若不及時求助，寶貝兒子的命就難保了。他為了救兒子，只得到隱者住處去求情，跪在門前說盡好話哀求著，在一旁的人都落下同情的眼淚。但是克魯奴巴心硬如鋼，絲毫不動搖，對著嚎哭的父親不為所動，更不加以勸慰，雙眼只是一動也不動的望著天空。

一個小時，又一個小時，家裏的人奔跑來，告訴局長，孩子慘死。父親知道大勢已去，內心交織著痛苦內疚，萬刀割心的心情回家了，自此後，他每天到兒子的墓上哀悼，他患了失眠症，嚴重到如同神經病患一般，有時他幻想著自己身邊有好幾百隻鳥糾纏著，怎麼趕也趕不去，最後只得送入瘋癲院。

事情演變到這種地步，治安單位不得不採取行動，準備逮捕克魯奴巴，但是找不到他的蹤影，每個人都避免談到此事，怕這個詛咒降臨到自己身上。」

作者繼續寫著：……

「原來克魯奴巴遷居到烈吉漢村莊。但是他出入行蹤不明，沒有人知道明天還會不會見到他，最近有人說，他替人治病，儲蓄一些錢，愈來愈富有，已有相當的資力了。克魯奴巴說：『我想搬離這個村莊，到他鄉另謀出路。』但是就在當天，發生了一件意外的事，帶來了村落的大災難，甚至滅亡了整個村莊的居民。這件事很清晰的留在所有見過此事的人腦海中。

那天——又見克魯奴巴發瘋似的直奔過來，越過原野、河流，一直到村子中的大廣場上，他的眼裏充滿了憎恨疑惑，好像失去了什麼東西一般帶著絕望的表情。村中的人不知道發生了什麼事，都圍繞在他身邊，好奇的看著他，只見克魯奴巴雙手緊緊的抓著頭髮、鬍子，自言自語的，不知大叫著什麼。

仔細聽著，才知道原來有一個小偷，偷去了他的全部財產。」

作者熟練的手筆，流露出當時懸疑的情景，非常精彩生動，請接著看下段就知分曉。

「我提醒村落的人趕緊報告的警察，突然克魯奴巴猛站起來，冷眼凝視著周圍的人群，視線轉到我身上時，我全身麻木，不敢動彈，覺得好恐怖。過一會，他又打破死寂，忽然跑上樓梯階，伸出他那雙瘦長、被太陽曬得黑漆漆的手，對著村中的人詛咒說：『將要有災難降臨這個村中，每個人都會患黑死病，痛苦的死去，有些人將化為蛇形，有些人變為荒野上的野獸。永遠地，她的靈魂不能得到安寧。』說完後，他抓起地上的塵土拋上天空，更加強了詛咒的恐怖性。」

作者進一步的寫出以後村落中所發生的事——

「過了一個禮拜後，我在歸途中，經過這個村落，村中的居民都患了黑死病，整個村中瀰漫著一片悲慘暗淡的氣氛，村長以及重要的人物已經死了，這個村子裏已沒有人的生氣，只是一大座墓場罷了，兀鷹伸長頸子哇哇的叫，烏鴉飛來飛去等著兀鷹吃飽後，再一頓飽餐……」

作者並沒有明顯的說出：村中的遭遇，是否由隱者克魯奴巴詛咒的結果。但是他加了一句話：「現在，只要你走到鄉下旅行，就有可能聽到坐在大樹下乘涼的土人談論著村中發生的恐怖事件，也會牽涉出那位隱者的舉止。」

雖然這個例子與愛情無關，但是對詛咒來說，是個很好的例子，所以我提出精華來，供讀者們參考。

第八章 護符

一、護符的起源

護符由來久遠，不論世界各國都有此傳說，但是護符是如何發明的呢？陰莖（Phallus），自紀元前就已出現在東方文明國家，印度等地稱為巨大神聖的生殖神。

生殖神本體出現小Phallus，是用金屬和木、石製成的，擁有者都非常珍貴的掛在脖子上，不離身邊，或供奉在家裏的祭壇前。這就是護符的來源。

生殖神的護符在性質上，主要是關於生殖的偉大力量——帶著這種護符的人，由於具有宗教上的信仰，所以確信為子孫繁榮、平安生產的護符，因此，自古以來，護符多用於宗教上，很少用於魔法的要素上。

二、護符的種類

護符的種類複雜多了，占星術和卡巴拉之後，護符成為包涵很多的各種魔法要素。形態亦自弗魯司的一種變成戒指、手環、寶石等等其他許多種類。而且製作護符的目的也不只是為了繁殖生產而做。

人類最早的裝飾品——耳環——在當時是當做護符使用的。掛在胸前迷人的胸飾，或是戒指，也可說是咒具。當然也被視為具有魔法的性質。或是拾取樹根、貝殼以帶子串成圈圈，掛在脖子上，也有在金屬板上雕刻咒文，像此等的物品，都是古代流傳下來的習慣。

Paul Vulliaud 表示：研究各地傳說風俗等的時候，先調查各國的護符，將有莫大的幫助。這個見解是非常中肯的，因為，事實上每個人都擁有護符的習慣。波斯的護符稱為 Hamaletes，西西里則稱為 Amuleta，埃及稱為 Phylacteres，哈魯及亞稱為 Tebhulin。

沒有人能斷言護符有那些種類，以下的分類是由名學者分類的：

(A) Charms　咒具
(B) Talsman　咒符
(C) Amulet　護符
(D) Mascot　吉祥物

問題是，(B)和(C)為什麼要分開呢?它們的差異在那裏?在這裏，我大略的將(B)與(C)相同處說明，希望讀者能瞭解。

護符的目的有——

(1)驅逐惡魔。

(2)治病的目的。(醫學上用)

(3)詛咒的目的。(憎恨用)

(4)戀愛的目的。

(5)關於孩子的目的。

(6)有關獲得地位和富貴的目的。

雖然有許多種類，但是全都屬於詛咒的一部份。

我們應該瞭解到，護符的意義並不是祈願者直接的獲得魔力或神力。而是要經由帶了魔力和神力的物品，也就是符、寶石、植物、動物的一部份等……做為媒介，間接的得到力量。因此，詛咒時，必須口中唸著咒文，而且要使用附著了魔力的物品。

驅逐惡魔有名的東西是——在胸章上刻著「聖父，聖子，聖經」，且時常掛在脖子上。雕刻的形式如左：

ABRCADABRA
ABRCADABK
ABRCADAB
ABKCADA
ABKCAD
ABRCA
ABRC
ABR
AB
A

ABRACADABRA
BRACADABR
RACADAB
ACADA
DAD
A

這是個很靈驗的驅除惡魔的護符，按照生殖教的大權威雷雨說：「這很明顯的是個女陰的象徵。強調女陰可以驅除惡魔的說法，是世上很普遍的迷信。」

●醫療的護符

護符用在醫療上的例子也很多，古代時，魔法者行使醫療時以金銀、寶石、糞尿、經血、死屍、絞首用的繩子、流星、十字架、秘密數字（3、7、9、

13）等，當為護符。Plinius, Galen, Traller諸位的大著中，都有詳細的記載魔法醫療法的護符。

●招福的護符

西方各國認為，可以帶來幸福的護符：

・蟋蟀的爪。

・爪形的珊瑚、黃金、寶石等。

・絞首用的繩子。

●戒指的護符

啄木鳥的眼睛、鼬鼠的眼睛、水晶戒指、穿孔的錢、隕石的破片、裝有紀念石粉的藥袋。

使用戒指為護符最著名的例子，就是「所羅門戒指」。

●劍的護符

劍，不論在東方或西方，都視為驅除惡魔的代表護符，但是與愛無關，所以我在這裏就將之省略不談了。

●磁石護符

魔法師 Girce 和 Medea，以磁石粉塗面，當為有趣的護符。在石頭上咒語後，放在妻子睡覺的床上，那麼，不論太太是如何的淫蕩，都無法離開自己的床。

●魔法數字的護符

在金屬板的反面雕刻此魔法的數字，另外一面雕刻維納斯的像，這是極靈驗的愛的護符。（如上圖）

22	47	16	41	10	35	4
5	23	48	17	42	11	29
30	6	24	49	18	36	12
13	31	7	25	43	16	37
38	14	32	1	26	44	20
21	39	8	33	2	27	45
46	15	40	9	34	3	28

●植物性護符

最有名的植物性護符是蔓陀羅草（Mandragore），好比是中國的人蔘。是戀愛秘藥的最高榮譽與佳品。

有關蔓陀羅魔草的記述，用不著查西洋的書，只要看《改造》第六卷第八號的「戀愛的藥和愛的妖術」中，武田孝三郎先生已記載非常詳細。但這是個非常重要的魔法，所以我再加強其要點如下：

蔓陀羅草盛產於地中海的兩岸，希臘產的特別多。這個魔草在很早以前就已頗具盛名了。黑色的根，有些像蕪青。有的在下端會分為兩枝，還有毛髮狀的纖維被蓋著。有些像人的身形，克魯列奴拉稱之為「半人的植物」，克拉斯稱之為「人形物」，Dlinius的大著《自然的歷史》中，亦稱為半人的植物。

「喝了過多的液汁會死去，分量恰當時，可以得到安眠，正確的服用量是一卡司特。遇到毒蛇時，或是外科手術前使用，嗅到的人或動物皆昏睡去。」

蔓陀羅草自古以來就有種種的傳說，是戀愛秘藥的中堅植物。中世紀以後，聲譽一直很好，但是密醫、江湖郎中，狡猾的商人拿達尼瓦尼西的根替代蔓陀羅草，賣了許多，而且賺大錢。那些非法之徒命名為曼陀羅人形、福福小僧、一寸法師、緇首的小法師等名稱。

這種人形必須藏在秘密的地方才能生效。

「吃飯時，分開來個別的吃。穿美麗的衣服，每個星期日以葡萄酒洗澡。每個人都像把友弗列那多隱藏在簑笠底一般，把這人形植物藏在別人看不見的地方。以戀愛的魔法捉住愛人的心，醫治一切疾病。也可以使不懷孕的女人懷孕生小孩。如此一來，人人都相信，而且一代代流傳下來。本來應用於麻醉成分的內服品，卻誤傳而成為秘密掛在某個地方的掛飾物。」

發現蔓陀羅草是很稀罕的，要採摘更難，以魔法來採取蔓陀羅草，必須做到一定的程序才可採取到。布里新司告訴我們正確的方法：

「首先要注意必須在日出前採摘，不可讓啄木鳥吃去了採摘藥草人的眼睛，一定要在晚上拔出植物的根，也須注意到月亮的形態。有些草必須在打雷的時候採摘。或是像扒手一樣，把右手放進左手袖子裏，偷偷的、很快的取出藥草的莖。有時必須要面向東，或是面向西，最重要的是，不能迎風採摘。採的人不可回頭看身後，一直往前進，身體要保持純潔。裸足、白衣，不能帶戒指，也禁止金屬物品。以手指，或是黃金，或是其他特定的金屬物品挖掘。以箭的尖端劃一個圓圈。特別要注意的，藥草取出後，不可再碰到地面，因為魔草的效力就像電力一般碰到地面就消失無蹤。這是很危險的啊！」

在採摘蔓陀羅草時，它會發出悽慘、令人毛骨悚然的聲音，聽到這個聲音的人會立刻死去。因此，在耳朵裏要塞棉花，大聲的吹角笛，必須消去魔草的叫聲，且事先在黑狗的脖子上綁一根繩子，以此根繩子綁拔出來的靈草。

雖然是麻煩重重，但是只要得到魔草，那麼，不論所有戀愛都會成功、美滿，後福無窮啊！

伊本・西那（Avicenne）說，魔草可以生出小魔物來，以下看看他所發表的不可思議的處方。

●黑母雞生出小魔物

取一枚黑母雞生的蛋，在蛋殼上開一小口，取出蛋白，以精液替代蛋白放進蛋殼中，用羊皮紙製成的塞子塞上。然後在馬魯司的第一日時，由母雞孵。生出來的小魔物餵以蝮及蚯蚓。但不能明白的是，這隻小魔物到底有多大的魔力。

●智慧之果的真相

有一本書中寫說，夏娃吃的果子，不是蘋果，而是蔓陀羅草的果實。你是否覺得正中下懷，恰到好處呢？

在日本風花雪月的花柳界中所流行的男形，與一般家庭主婦供拜的生殖神不同。那是為了招來顧客的護符。原來在日本沒有純正的魔法學者，護符是由中國傳過去的。是由佛教的神道教典中翻案過來的，因此有著濃厚的宗教意味。

「役行者」一派在日本常使用專用的魔法，但是也帶著濃厚的宗教色彩。像日本人果心居士的魔法高超，就是到中國也不會輸給中國的法術。但是西洋諸國就無法與中國真正的法術相比較，因此愛的護符效力是很貧弱的。

若要將所有的咒法都記載下來，實在不可能，因此我取詛咒全書、禁厭法、秘密藏的古書中精華，或許對各位有些幫助。

三、護符的寫法

● 對沒有緣份的女性使用的護符

時常把護符帶在脖子上，可求得緣份早到

●男女合用的護符

月品弓品腥品弓王、彐如夫和合且八月喼急如律令

時常帶著，可討男人喜愛。

●男性用的護符

日口日尸日日日尸喼急如律令

同樣的，要常掛在身上。

●男女通用，可以逃避愛情的阻礙物的護符

以上（「新撰詛咒調法紀大全」）

●希望離別的咒

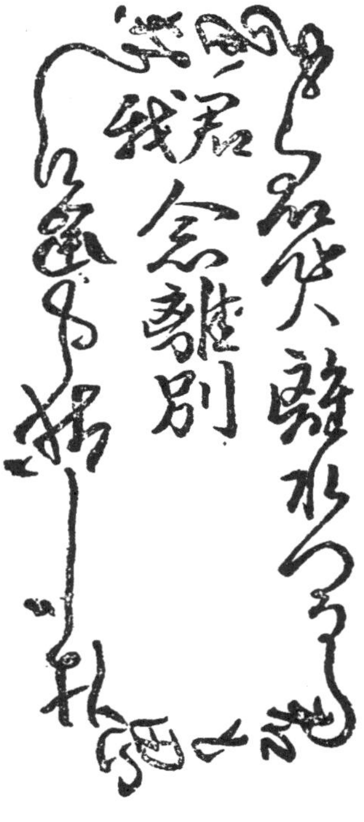

裝著前面護符的封套上寫法

（男性用）
表

（男性用）
表

（女性用）
裏

（女性用）
裏

寫前面的護符時，必須取兩條河流分叉處的水，墨必須混合荷花與山鳥的羽毛燒黑的粉末。裝進信封時，不可黏漿糊，還要加上山鳥的羽毛一起裝入。這個護符要放在鏡臺上，或是經常出入的門檻下，一定不可讓人知道。

●另外一種護符

寫這個護符時，不要讓對方知道，在對方睡覺時偷偷放入枕頭下，包裝的方式與前者同。

●女人使用的，可令男人退避三舍

不可讓男人知道，秘密的寫，然後掛在脖子上，或是斜掛在脇下。

●想逃避男人時，飲用的護符

把右邊的護符寫在薄紙，以清水飲用。

彼此相愛的秘護符

寫在白紙上，放在枕頭底下，一定可以達到你願望。

逃避男人的護符

●男女分開來帶著的護符

（以上萬家調法詛咒傳授囊）

第九章 妖術

一、妖術

我想到，讀者們一定會覺得這一章的題目名太過神秘——有些不恰當，但是，妖術比魔法劣質些，而且牽涉到色情。因此，讀者大可不必吹毛求疵去探討這個題目的涵意，只要當做趣味性質來看就可以了。

中國與印度這兩個國家，在我們眼裏，真是取之不盡，用之不竭的大寶庫。最吸引人的，是他們的古書典籍，我非常願意一一的為各位介紹，但是讀者們一定會生厭，而失去意義，因此，我舉出一些恰當的例子，請各位細讀。

1.《獪園》——明季錢希言撰

嘉靖年間，江西人段瘸子由於學會鬼神的搬弄，而能變化無窮，隨意施法術。但是他並不尊敬師父的教誨，甚至背道而馳，壞事做盡。

有一陣子，他又看上一位良家婦女，她是富家漂亮的寡婦。由於丈夫剛剛去世，所以思念丈夫之情濃厚的存在，段瘸子違背天良，竟想利用女人的弱點騙財。他藉故到寡婦的家去，隔著窗子與她搭訕。

段瘸子編了一套謊言欺騙她說：「我在陰間時，看到妳那剛死去的先生，他苦痛萬分，很悽涼的被酷銬在鐵架子上，好可憐喔！」

寡婦心疼的問他：「段先生，你能不能救他呢！請你無論如何都要拯救他脫離苦海，我會不惜金錢多少。」

段瘸子看到時機已到，乘機說：「我儘量幫助妳，半夜時分，將可以聽到丈夫的聲音，我會喚回妳丈夫的幽魂來與妳相會。」

那天晚上，她舖設酒席，燒著紙錢，段瘸子命她解衣就寢，然後段瘸子模倣著她死去丈夫的聲音，維妙維肖。美貌的婦人一聽到自己丈夫的聲音，不禁興奮不已，請求他上床同歡。

一夜風流過後，隔天早晨，段瘸子告訴富家的這位寡婦說：「陰界的地府與現世一樣，也是需要賄賂，才能脫罪，因此，我需要拿很多錢來免除他痛苦，紙錢是沒有用的。請妳做個決定，若要救出苦難中的丈夫，請把金錢放進水缸中，愈多愈好。」

就這樣，段瘸子輕而易舉的人財兩得……（以下省略）

2.『閱微草堂筆記』卷二十四『灤陽續錄』六——清乾隆紀昀撰

門人王廷紹言，忻州有以貧鬻婦者去已二載，初彼買時，引至一人家，旋有一道士至。攜之入山，意甚疑懼，然業已賣與無如何。

道士閉目，即聞兩耳風颼颼。俄目開，已在高峰，室廬華潔，有婦人二十餘人，共來訊問，云此是仙府無苦也，因問到此何事，日更番侍祖師寢耳，此間金銀如山積，珠翠錦繡，佳餚珍果，皆役使鬼神隨呼皆至，服食日用，皆比擬王侯，惟每月一回小痛楚，亦不害耳。

因指曰，此處倉庫，此處庖廚，此我輩居處，此祖師居處，指最高處兩室。曰此祖師拜月拜斗處，此祖師鍊銀處，亦有給使之人，然無一男子也，自是每日晝則呼入薦枕席，至夜則祖師升壇禮拜，始各歸寢，惟月信落紅後，則淨遞內外衣，以紅絨為巨綆縛大木上，手足不能絲毫動，並以綿丸窒口，喑不能聲。祖師持金管如箸，尋視脈穴刺入兩股肉內，吮吸後，以藥末糝創孔，即不覺痛，頃刻結痂，次日痂落如初矣，其他極高雲雨在下。

忽一日狂風陡起，黑雲墨如山頂壓，雷電激射。勢極可怕，祖師惶遽，二十餘女呼起，並裸露、擁抱其身，如肉屏風，火光入室數次，皆一掣即返，俄一龍爪大如箕。人叢中攫祖師，霹靂一聲，山谷震動，天地晦冥，覺昏瞀如腫夢，稍醒則臥道旁，詢問居人，知去家僅數百里，乃以臂釧易敝衣遮體，乞食得歸也，忻州人尚見此歸，面色槁枯，患病不久死去，蓋精血為道士採盡，蓋即燒金御女道士，其術靈幻如是，尚不免於天誅，況其不得其傳，徒受妄人之蠱惑，而冀得神仙，不應慎哉。

3.『閱微草堂筆記』卷一、『灤陽消夏錄』一

有僧遊交河蘇吏部次公家，擅長於變化魔法，常變化無窮，叫人無法捉摸。和呂道士是同門師兄弟，曾經有一次，他以泥巴捏出一隻豬狀的泥動物，加上咒語後，這隻原來是泥製的豬竟蠕動了起來，又咒之，忽然發出豬的聲音，再咒之，豬躍然而起，他把豬放進火中煮熟後，請客人吃，味道不為可口，客人吃完後，都大嘔大噁的，吐出來的東西，一看，原來都是泥土。

有一個道士由於下雨所以與他住在一起，是夜，有位秘密來訪的僧侶，他說：「太平廣記中有記載著，如果持有一塊具有咒文的瓦片，那麼就是閨房也可

以隨意進出，請問您能施以此道術嗎？」

回曰：「這件事不難。」就拿起一片瓦，咒語良久之後說：「你只要拿著這片有咒法的瓦片回去就可以如你願了。」他又說：「但是，千萬要謹慎，不可說話，否則將會破除魔法。」

那個求願的人，趕快回家試驗。果然很順利的成功了。

他走進寢室，記著僧侶告誡的話，所以緊閉著嘴不敢說話，把門關起來，上床與婦同歡，那婦人亦與之歡洽，倦後而酣睡，張開眼睛一看，怎麼身旁躺的是自己的太太。

他的太太正懷疑的看著他，這時僧侶來訪，告訴異想天開的先生：「這一次是我開玩笑的，下次不可再妄想有染指良家婦女。」接著又說：「有一次這個念頭，恐怕為將來立身處事上的障礙。」果真，這個心存邪念的男人一輩子當個小職員，而且不再晉升。

4.《蛇的民俗故事》——南方熊楠著

艾司脫尼亞的俚語說著：有一名非常喜好奇術的年輕人，他了解鳥語，卻想進一步的明瞭夜中的秘密。

於是對道士請願，道士力勸他不要做如是想，他卻一意孤行，不聽老人言，在他百般懇請之下，道士說出一項驚人的發現，他說：

「馬魯克的祭日快要到了，那天晚上，蛇王會照七年以來必行的例子，在那裏聚集群蛇開會。放在節蛇王面前，供奉了一盤盛滿山羊乳的器皿，你必須攜帶一塊麵包，很快的吸取那山羊乳，然後飛奔下山，吃下麵包，這樣一來，你必定可以瞭解到夜的秘密。」

不多久，到了馬魯克祭日那天，這位年輕人拿一塊麵包於四月二十五日的黃昏出發，步行到一片廣闊的沼澤地帶，那裏除了一座小山丘外，什麼蛇影子也沒有。來到半夜三更經時才出現奇景，一座稍大些的山發出一閃一閃的光，可能是蛇王的信號吧！

回頭再看，不得了，那些原本靜止的山丘，這時都緩緩的蠕動著，原來，這就是蛇的化身。漸漸地，這些小山集聚一堂，好似乾草堆一般，密密麻麻的許多小蛇蜷曲成一大團，分不清頭和尾了。

年輕人早已嚇呆在一旁，好一會才清醒過來，趕緊完成自己的目的。他躡手躡腳地到蛇王寶座前，蛇王四周都纏繞著數不清的蛇，年輕人血液凍結，毛髮都豎直了，可想而知，當時的情景一定可怕非凡。

好不容易年輕人鼓起勇氣，走進蛇堆中，蛇群中傳來陣陣毛骨悚然的悽慘叫聲，又似嚎哭般，像是走進了地獄陰界。

雖然蛇想咬他，卻受到彼此行動的限制，動作非常慢，而且動彈不得。因此年輕人不敢略加思慮，乘機拿出準備好的麵包，沾滿了蛇王前面的山羊乳，迅速的塞入嘴裏，死命的狂奔出沼澤，因為眾多的蛇在後面緊追不捨，更促使他加快腳步，最後終於不支倒地。

直到太陽升到樹枝梢，才曬醒昏迷的年輕人，原來他昨夜跑的路，要超出沼澤四、五里多，已經脫離危險的地帶了，他鬆了一口氣，慢慢地拖著極疲倦的身子回家。

白日裏他飽足睡眠，期盼夜晚的靈驗出現，到了晚上，他再也等待不下了，就漫步到樹林裏，突然眼前一亮，出現一個大廣場旁邊擺設著金製的桌椅，和銀製的洗澡盆，年輕人躲在一顆柴樹下，偷偷的等待出現他久來嚮往的深夜中的秘密答案。

突然，自四面八方出現了幾位絕世美女，裸身露出潔白的玉肌，在皎潔的月光下，進入浴池中洗澡，喧鬧著，這美妙境界真叫人難忘，年輕人好像餓鷹見到雞一般，立刻想得到手，卻貪婪的不知選那位好。

正在考慮的時候，東方已發白，那些美女隨之消失無蹤，年輕人歎息著，是夜的景象一直縈繞在腦海裏，久久不能忘懷。

但是，好夢成空，不再呈現，年輕人被這種偶然一次的際遇而困擾極了，因為事實上，他是無法再看見那情景了。因此，奉勸各位，千萬不要試著妄想探求「深夜中的秘密」，那只是徒增困擾而已。

二、《金剛薩埵說頻那夜迦天成就儀軌經》所載隱身法

黑月（黑分）、黑水牛的胎衣、黑沈香，和黑牛馬膽的漿水一起攪和成香水，再以屍火燒之，在黑月內遊行，則可隱身，別人看不見。

白月（白分），和白水牛膽及白沈香的漿水攪和在一起，製成香水，以屍火燃燒後，在白月之內到街上行走，別人無法視破你，看不見你的一舉一動。

三、《法苑珠林》龍樹的隱身術

「南天竺國的梵志種，生於大豪貴家，天性聰明，是不平凡之輩，有一天，他和三個朋友高談如何能學得隱身術，乃決定到街角處，拜師學藝。術師見到四人來相尋，而且來者皆有頭角崢嶸相貌，如果自己把巫術完全教授給他們，那麼下一次絕不可能再來，也不能得到酬謝了。

因此，術師僅授給四人青藥一丸，告訴他們說：『你拿著這顆青藥，以水磨之，塗在眼睛上，自然能隱身。』

四個人取得了隱身術方法，就到王宮去，侵入後宮與妃子作樂，如此百餘日後，後宮的妃子懷孕者眾。

國王生氣極了，命令賢臣查明此事來由，大臣說：「碰到這種怪事，只有兩個原因，一是鬼魅來擾，二是施以隱身法術。』

因此，國王下令，嚴禁他人通行後宮，而且鎖緊前後大門，然後在路上灑了咒有巫術的石粉。如果是鬼魅來擾，則無任何跡象呈現，若是施隱身術的人，會在石粉上顯出足跡來。龍樹四人中了計，在石粉上留下了跡印，國王逮捕他們，而且處以極刑，三個朋友都上了絞首臺，只有他一人幸運的逃去，但是他的良心發現，不願再回家裏，只好出家，後來又成為大乘佛學的創始人。」

四、《情海異聞》所載

1. 隱身術

陸豐的張叟，為了訪問親戚而出遠門，那時，正是炎炎夏日，酷暑難耐，張叟走累了，就在樹林裏略為休息，突然從寺廟中走出一位三十多歲的男子，身穿簑笠，只見這人舉止怪異，突然轉過身子，對著神殿撒尿。

張叟心中存著團團疑慮，再仔細的看下一個舉動，原來那中年男子把尿積聚在磁器內，然後以手指畫了護符，把磁器埋入土內，起身走開了。

張叟看到那個人走了，就掘出磁器來，把盆中的尿傾倒一空，再把盆子藏起來，然後尾隨著那舉止奇異的人走去。

那個中年男子經過別人家時，都探頭探腦的往裏看，然後，再步出別人家，繼續往前走，有一里遠的時候，他突然停下腳步，停在一家半畝開著門的房前，傍徨了一陣，最後下定決心，走了進去。

張叟站在那棟房子前面，這時從裏面走出一位衣冠楚楚的老人家，一看，事有湊巧，來者正是張叟要拜訪的舅舅。刻不容緩的，張叟立即將路上所見，一五一十的報告給舅舅知道，舅舅說：「我雖然老眼模糊，但是只要有人進屋子，我可以分辨出是人是鬼。」

於是兩個人攝手步入門檻，大聲的問道：「此屋可有他人？」但是無人做答，舅舅百思莫解，再仔細的問張叟事情原委。張叟繞到後院去，眼前一亮，突然看到一件蓑笠丟在那裏。趕忙喚舅舅來，因此，才增加舅舅的疑心。

舅舅家中的人全出動了，搜遍一屋子的各個角落，並沒有發現什麼。張叟突然一手拉開窗簾，赫然見一怪男子直立在簾後，這才逮捕到怪人。

張叟他們恐怕這惡徒再逃，就緊緊縛住他，又以糞尿澆灑在他的頭上（糞尿可以破除魔法）。然後嚴厲的責問他，那位奇怪的人說：「我是閩之上杭人，和五個同伴一起出外流浪。」

就在此時，另外那五人突地出現眼前，而且警告張叟道：「這個男人是我的朋友，不幸被你識破魔法，如果你們想控訴衙門，我們兄弟一定不會放過諸位，還不如我拿出銀錢數十枚，請你們放過我們的朋友。」

張叟心想，他並沒有污辱了我們家族的婦女，如果捉住他不放，可能會被那一黨人報復。考慮之後，連錢也不收就放走了那個舉止怪異的男人。

似這類的隱身術，在閩之上杭人皆相傳著，今陸豐諸邑也頗盛行。常常施以隱身術進入有錢人家，但是家中養狗時，則不敢進入。而且經常進到良家婦人的房中，污辱美女，即使丈夫或是母親一同躺在床上，也不能發現有人隱身進來。

但是，有些人法術不熟練，往往被捕，而且受到絞刑，然後焚燒他的屍體，這樣則能消滅巫術。

※　　※　　※

興寧羅某有孫婦王氏，資色清麗，風情綽約，鄉村中的人都稱她為世上最美的女人，王氏也很自重，經常深鎖閨房中，不露面。

有一天，鄰家娶媳婦，彩輿蕭鼓，極其豪華，張燈結彩的熱鬧極了，王氏忍不住好奇，只好自窗戶口細縫中偷窺一會，事有巧合，這時有名男子，瞧見王氏的美貌，驚為天人，王氏與他四目相視後，驚嚇的退回屋中。

就在當天的晚上，有一個人靜悄悄的進了王氏的房間，神不知鬼不覺的沾污熟睡中的王氏，王氏雖然自夢中驚醒，卻似中了邪一般不能抗拒。翌日，發現房裏有些食物被人盜取。實在是不可思議，因為沒有人知道昨晚有誰來過。

因此，羅某喚起一家人，共聚一堂，等待怪物的出現。果然，怪物來了，卻無法施展巫法，它就擲瓦礫、擊破盆景，以汙物放進飯和碗盤中，行為暴亂狼藉，令人深痛惡極，也沒有辦法捉捕到它的行蹤。家人受到莫大的困擾後，只得求助於江右的天師。天師給他們護符帶回去，這才禁止鬼怪的橫行。

受到怪物侵害的受害者，雖然很多，但是因怕外人知道自己的妻女受強暴，而不敢告訴官衙，只好自己忍氣吞聲的隱藏事實的人也有。但是，即使有人捉捕到妖魔，也不敢控告它，因為如果有人不相信，反而認為是誣告，因此，大都是使用私刑，偷偷的殺死它。

2. 妖僧

山右民家，有人娶太太，洞房花燭夜那晚，有一個小偷乘虛而入，藏在樑上，結婚典禮結束後，新娘與新郎雙雙進入洞房。新婚的太太卸粧後，弱態含嬌，秋波流露，真是一位美女啊！

二人攜手上床後，燭未熄滅時，突然冒出一位長髮披肩，長相猙獰可怕的頭陀，躡手躡腳的走到床前，口中唸唸有詞，左手寫著咒符，突然伸手入床內，探新郎新娘的下體，好像取出什麼東西來，然後放進袖子裏逃走了。

樑上的君子，趕快跳下來，奔到床前，見到一片血淋漓的慘狀。原來，夫婦二人的陰部都像刀切割一樣。小偷也非等閒之輩，就奔出窗外，緊追頭陀，雖然頭陀跑起來像猿猱一般快速，小偷也能勉強跟上，跑到十餘里外，道路旁有一間土室，頭陀進到裏面後，合眼打坐。

小偷本想直衝而上，擒住那妖僧，但是進一步想到，如果他以巫術對付自己，一定會敗在他手下，想了一會後，他決定回到辦喜事的人家去，喚醒熱睡中不知血案發生的人。

告知詳情後，家人才知道，但大勢已去，只得相信賊兒的話，跟他去土室逮捕妖僧，但是，那有妖僧的影子，憤怒的家人以為是小偷自演的戲，就逼問小偷，最後才相信確有其事，將小偷放走。

3. 若包船（若是竹的皮）

烏清文獻，浙西有乞丐數人，結黨乘舟南下，到各處流浪，做盡惡事，以迷藥誘拐美女，割去她們的眼睛，剔除他們的筋骨，將其手足彎成曲線狀，稱之為「盆景」，較美的女人，就賣到娼院，或是自己姦殺，比較豐嫩些的女人，就煮了吃。老一些的女人更悽慘，屍首被分割，腦髓肝腎都被取盡，做藥賣，所以積聚很多財富。

他們常吃人的腦髓，因此，不怕任何酷刑，而且橫行霸道沒有東西能阻擋。所以，想要滅絕他們，是不可能的。

明萬曆年間，有一男子林宗文，獻給高宗一秘方，他進言道：「只要採取男女童的腦髓，製成藥服入，就能陽道復生，能御女種子。」高宗大喜，就到處收購童子，將其頭顱剁碎，割下腦子。很多貧困人家，多割愛售賣自己親生孩子，壞人收集了這些腦髓後，製成藥，大批的出售，因而大賺一筆，可憐的孩童們，多被棄屍於池中，只見池中白骨累累，慘不忍睹。

4. 人妖公案

山西太原府有一個名叫桑沖的男人，他的變化無窮，且喜愛裝扮女人的模樣到處流浪，暗地裡誘惑男人，行為不檢點。自他開始裝扮女人開始至今已有十年了，姦淫搶殺，無所不做，經歷了大同、平陽、太原、看定、保定、順天、順德、河間、濟南、東昌等地，四十五府縣，以及七十八處鄉村鎮店，經常誘惑出色女子，周旋於兩性之間。

如果有女子不順從他，他就以巫法控制對方，他的秘方是，雞蛋一個、去了核桃子七個、去了核的柳丁七個，一起燒成灰，再以新針一個，鐵槌敲一敲，和一口燒酒，混合製成迷藥，往女子身上噴，然後默唸咒文，那位女子手足不能動，口不能言，任由桑沖玩弄不能反抗。

十年間，他姦得良家婦女不下百餘人，大約估計為一百八十二人之多。但是，不會讓人捉到，也不曾為人發覺他的惡行。

成化十三年七月十三日，桑沖到真定府晉州聶村宣家做客。自稱是趙州民人張林的妾女，因為丈夫責打她所以逃出來，請宣家收容她，宣家的人不疑有他，見她楚楚可憐的樣子，就請她住下來。不幸的事就跟著發生，宣家的女婿趙文舉，禁不住被桑沖的美色迷惑了。有一天晚上趙文舉耐不住心中的慾火，就悄悄的來到桑沖房中去，想強行佔有她，卻驚訝的發現，怎麼是個男人身。桑沖的事才敗露出來，被押送至官府，結束了人妖公案。

五、尼古拉的魔法

歷山大王的故事中，有一位道行很高的大魔法師，他在埃及實施魔法，無所不至，效果也很顯著，如詛咒、治病、占術等，其法術之大：可以擊退來襲的軍隊，沉沒海上的艦艇。由此可知，他的魔法非凡。

由此，他的名聲大噪，出盡風頭，卻遭到同行的嫉妒，被視為不純潔的魔法者，而且排斥他。他深知自己可能有生命的危險，所以，離鄉背景，到他鄉謀生存。

他剃落頭髮和鬍鬚，一路逃亡出來。隱藏身分，穿著麻布衣服，以占星術師為名，流浪討生活。由於他料事如神，而且每次靈驗，因此被譽為最有權威的占星術師。

馬司多尼亞王到國外遠征時，王妃奧利尼娜聽說了占星術師的名聲，請他入宮，為王妃占卜。

尼古拉尼斯受到王妃的親自召見，感到無上的光榮。奧利尼娜王妃問道：

「師啊！你真的可以為我占卜命運未知之事嗎？」

占星術師昂然的回答道：

「王妃陛下！占星術者之中，有形形色色的御座，有些人的特長是判斷夢的凶吉，也就是占夢，有些人能占到預知之事；也有先知者，和判斷命運好惡的術師；有些人在魔法上頗有心得，通達天體的星月運行等等，數種御座。我雖然貧窮怕惹事，但是我敢自誇的說，在占星相術中我是第一把交椅。」

接著，尼古拉尼斯拿出鑲有黃金和象牙的占星板，以金屬和寶石，來畫出天宮圖，且很正式嚴謹的為王妃占卜命運。他說：「王妃陛下！妳將會懷孕，而且生下艾莫神的兒子。最近就會有吉祥的預兆出現在你的夢裏。」

王妃聽了，深感高興，就舉尼古拉尼斯為全國最高的道士。

尼古拉尼斯修法開始，他以最具權威的法力來代替王妃實施魔法，他以王妃的相貌，製成蠟像，在蠟像上寫上王妃的名字，把蠟像安置在小椅子上，點上燭火。摘取可以夢吉祥物的藥草，壓榨藥草的汁液灑在蠟像上，一邊唱著秘咒，均勻的擦在王妃蠟像上。

同時，對王妃的蠟像說：「請妳夢見莫艾神？」

他專心的唸著密咒，他相信，今夜王妃就能夢見與平日不同的夢境。然而事實上，自己變成艾莫神與王妃作愛。

這是意料中的事，王妃果真懷孕了，王宮中充塞了祥瑞之氣。王妃又下令召見尼古拉尼斯，告訴他說：「我希望把這個好消息告訴丈夫，你有沒有辦法通知他。」大占星術取一隻鷹的羽毛，對鷹說著：「請你飛去國王那裏，告訴王妃已懷孕。」然後加上密咒和魔法，撒上秘藥。是夜，國王在夢中得知了事實。

國王這時已歸心似箭，就下令停止戰爭歸國。而且果然夢已成真，正如他夢中的情形。但是對於王妃會生艾莫神的兒子這點，懷有莫大的猜疑。

尼古拉尼斯暗地高興著，國王與王妃都中了自己的計謀，雖然國王心裏有疑雲，但是他可再以更具威力的魔法，令國王掃清一切猜忌。有一天夜晚，他化為一蛇身，潛入宮廷，驚醒了宮中所有人，王妃更是花容失色，蛇卻側過身子，與王妃接吻，然後化為一隻大鵬鳥，留下一枝羽毛就飛到青天了・國王這時不得不相信，艾莫神果真愛上了王妃，而且身旁許多親信也都目睹這個事實。

不久，歷山大王誕生了。正如偉人誕生時，總有一段神話故事傳說一般。有一天，他在庭院中略事休息，打個盹時，好似做夢一般，看到遠遠的天邊，飛過來一大群不知名的鳥，飛到歷山大王頭上時，落下一卵，而且正巧掉落在大王的膝蓋上，這個卵滑下膝蓋，掉到地上，而且破碎了。從卵裏爬出一條蛇，那條蛇努力的想爬回蛋殼裏去，卻一次一次的失敗，最後終於支持不住酷熱而死去，大王醒來後，覺得這個夢有些不太尋常，於是請占夢師來解夢之謎，占夢師來了後，聽到歷山大王的夢境說：「你的誕生是偉大的。舉世無雙的英傑，你將征服全世界，但不幸的，你將在凱旋歸國時死在路途中。」

王子將誕生時，王妃在一旁審察了占星盤上的圖案，而且選擇了一個最恰當的時間分娩。自古以來，生孩子的時間，與天體的關係非常重視。都選擇最好的時間，有時為了配合時間，而順延生產，有時較早些時刻生產。

十三世紀時，有位極有名氣的魔法師名叫 Albertus Magnus，在他的記述中亦有這方面的記述，他寫說：「尼古拉尼斯與王妃作愛時，也選擇了最明確的時刻。」

因此，歷山大王誕生時，大地震動，雷電交加，天空亦閃亮出奇異的光芒，生下王子時，簡直是件世界上最偉大的時刻了。王室對大占星術更加的信任，而且賜他的高位，絕對穩固。自埃及逃出來的小小道士，如今數年之間，轉變為有名有勢的王師。而且一直過著舒適的日子。這些難道不是由於他善於施展法術？

歷山大王十二歲的那年，有一次，偷聽見大王與母后談話，才知道自己的真正身世，而且明瞭原來是尼古拉尼斯所施的法術。自幼就以大英雄自居的歷山大王，深知自己地位重要，因此小歷山下定決心，因而想出了一個下策。

在一天夜裏，他請求師父教授他天體的秘密，由於是夜亦十分適合，只見天空星明閃爍，所以師父非常願意在今夜親自為大王解說，深夜時，沒有外人知道，只有他們兩人站在庭園裏。

占星術師站在大王前一步遠的地方，指著天上的星辰詳細的為大王解說。但是大王的腹中另有一案，他趁著尼古拉尼斯專心的講解時，出其不意的一把推倒尼古拉尼斯，使他跌落在原先已設置的陷阱中。

因為他一點防備也沒有，所以頭朝地的直跌落下去，也來不及想出防備的魔法，就這樣頸子斷了，骨頭折曲了，瀕臨死亡的邊界。他一息尚存，傷心極了，問狠心的王子說：「你為何無故的置我於死地。」

王子絲毫不憐憫的告訴他：「你身為占星術師，也不過如此，現在你的魔法又有何用呢？」心裏想著：你一死，我的身世就無人知曉了，隨著你的屍首埋葬到底。

另一種說法是，尼古拉尼斯早已算出來，自己會死於兒子的手上，所以預先將一切事情經過，告知一侍女，由侍女流傳下來始為世人所知。

六、爾尼莫的傳說

法國有名的魔法師艾利弗司・列比的名著《The history of magic.Book V, ChapterII》中寫著關於爾尼莫的有趣傳說，以下是翻譯過來的，請各位欣賞。

一二五〇年的一個星期日，有位美麗動人的美女，她不僅是外在出色，內裏亦是極有修養，她是位拘謹的女性，那天，她和往常一樣，到寺院裏拜望彌撒。

正在那時，有一位身著華麗騎士服的男人，騎著馬，通過都市的道路上。一眼瞥見這位婦人，像雷擊一般震驚住了，立即停止馬的前進。婦人見到他如此凝視自己的怪異舉止，就害怕的逃進寺院中，躲在神像後面。

騎士狂暴的亦騎著馬緊追進寺院，不顧寺院中嚴肅的氣氛，和許多虔誠的信徒，只是一味的尋找那位美麗的婦人。

那位騎士原來是當時市長的秘書。已經有家室，而且有三個孩子。他騎馬入寺院的事，一下子就傳遍了整個城鎮，議論紛紛，都批評他的不是。

那位花容失色的婦人迷惑得不知所措，但是她鎮定的告訴自己丈夫說：「我不會離你而去，我不是個容易動搖的女性。」誰知丈夫竟然曖昧的回答：「不！妳應該覺得榮幸才是，有著那樣高地位的貴人看上妳，你不該躲開他啊！現在，妳最好能寫一封信去安慰那位崇拜者。」

沒料到，騎士的信先來了，編織成一篇充滿愛慕之情的訴情書。

「你是那麼清麗動人。不可思議的、超自然的，有股不可抗拒的力量戟刺著我，但是恨不能早些相識，妳是別人的妻子。為了妳的聲譽，和夫妻間的感情，我只能尊敬妳，我為自己冒昧衝動的情緒，請求責罰，也希望將有奇蹟出現，能與妳結為恩愛夫妻。」婦人是個明事理的人，她考慮了以後，寫一封回信：

「您閣下所謂超自然的愛，是存在於永恆的，但是我已結婚，與丈夫的感情一直很好，我是絕對不可能離開這個家庭到你身邊去的。只有一個可能，那就是在我的夫丈死後，所有閒言閒語都滅絕後，我願與你長相廝守。世上如果真有長生不老的藥，該多好，在一切認識我們的人都死去後，只有我倆長相依偎，你的願望就可達到了。目前這樣的情況下，請你死了這條心吧！」

浪蕩兒的騎士，看了這封信，有了很大的改變，他辭去秘書的職位，從事科學研究。沒過幾年，他的妻子死去，他就更專心一致的埋頭在化學方面的研究。

一幌數十載。老化學者手持一瓶紅色的不老液，搖搖擺擺的來到婦人住的家中，希望再見到往日那位秀麗面影的女人，但是她已老態龍鍾，頭髮蒼白，身體瘦得一把骨頭，牙也掉了。老化學者原本想與她共渡下輩子，看到心目中的完美偶像，已經完全變另一個樣子，於是心有些動搖，他問老婦人說：

「妳還記得我嗎？我是當年愛慕妳的英俊騎士啊！」

老婦人想了一會才開口說：

「你是誰？我不記得誰是當年英俊的騎士啊！」

老化學者聽到她的聲音，好親切，激起了他的信心，他叫出來：

「二十年了，我每天埋頭研究長生不老之藥，護我們一起喝吧，然後共創未來幸福的人生！」

「你也喝了嗎？」

他苦苦的卻帶著一絲絲希望的說：

「我喝過一小瓶，在那二個月間，我一點東西也沒吃，忍受苦痛和難耐的飢餓，但是，奇蹟似的我竟沒有死去，我的身體更健康，比以前顯得活力充沛，這就是藥水的功效啊！」

「我絕對相信你，但是你有沒有看過自己的樣子呢！你既已化煉出不老藥，怎麼你也是一副老人家的樣子啊！」她說著，拿出鏡子來給老化學者照。

老化學者看到鏡中的自己，愣住了，他摸摸鏡裏的老人，再觸自己的臉，一副不敢相信是自己，怎麼又彎腰又駝背，滿臉皺紋。

原來，這些年來，他只顧著煉長生不老藥，根本未曾照過鏡子，今天，他才看見自己原來已是一個禿髮的老頭子了。老婦人將其衣服除去，她的胸部由於得了癌症已經蝕去一大半，而且一身骨頭，早已不是往年肌膚細嫩的美女。

「我等了三十年之久，就是為了與妳廝守永遠的人生，我對妳的愛是不變的，但是我不願意將妳鎖在我殘弱的肉體牢獄裏，雖然妳我都已老去，真摯的愛仍然存在，這瓶長生不老的藥液已無用了。不論誰先死去，都請守在彼此身旁。希望我們在天國能相聚守。」

說完，老化學者以擅抖的雙手摔破藥瓶。

兩人攜手隱居了，過了好幾個月，有人經過一座小屋時，發現有一位老僧守在另一位老婦人的床前，那位老婦人已斷氣多時。

七、希伯坦的魔法

希伯坦（Cyprtam）是二世紀時，最有名的魔法師，二十歲時，他在埃及修行魔法的本領，而且習得種三種魔法，二十歲時到迦勒底（Chaldea）施行魔法，後來回到安提阿（Antioch），這時，他的名聲已遠播四方，無人能及，各地來跟隨的弟子眾多，人人都信賴他的魔法。

當時，有位魯列基外莫的青年，看上一位雙十年華，青春奔放的少女，而且著迷般的想得到她，但是，這位少女是虔誠的基督徒，她決心要一生奉獻上帝，不與平凡人結婚，因此，青年人的願望無法得逞，於是他求助於希伯坦幫助他奪取少女的身心。

魔法師以最拿手的看家本領，施展了好些法術，而且深信自己絕對可以輕而易舉的奪得少女的心。

這位姑娘一心一意的祈願，求上帝的恩賜，趕走惡魔，因此惡魔的法術無法施展，且消失無影。

無論惡魔如何殘毒的將疾病、惡疫，痛苦加諸於少女的身上，她都下定決心毫不動搖其意志。惡魔又將更大的災禍來逼迫她的雙親，於是雙親也受不了，而懇求她答應青年人的要求吧！少女雙手合起，禱告，請上帝治癒父母的苦痛。果然父母不再痛苦了。

惡魔又進一步的施展悽悚的手段，他使全村的人都患得疫病，告訴村人說，除非少女答應與年輕人結婚，否則他們都將得到惡疫死去。少女祈禱，請求上帝把災難轉向魔法師的身上。

魔法師的邪道被破壞了，惡魔大怒，變得恨起年輕人來。而且詛咒他，以猛烈的魔法襲擊年輕人，是時，年輕人才頓悟惡魔的恐怖，轉而求助萬能之父，才將自己拯救出魔掌。

從那次以後，他向全世界公開惡魔的罪惡行為，而且燒去所有的魔法書，接受洗體，成為基督徒，上帝的子民。

國家圖書館出版品預行編目資料

禁忌遊戲—愛的魔法／酒井潔 著　蔡德華 編譯
——2版——臺北市，大展，2020[民109.06]
面；21公分——（宗教・數術；4）
ISBN 978-986-346-302-3 （平裝）
1.巫術　2.符咒
295　　109004638

禁忌遊戲—愛的魔法

原 著 者／酒 井 潔
編 譯 者／蔡 德 華
責任編輯／辛　竹
發 行 人／蔡 森 明
出 版 者／大展出版社有限公司
社　址／台北市北投區（石牌）致遠一路2段12巷1號
電　話／(02) 28236031・28236033・28233123
傳　真／(02) 28272069
郵政劃撥／01669551
網　址／www.dah-jaan.com.tw
E-mail ／service@dah-jaan.com.tw
登 記 證／局版臺業字第2171號
承 印 者／傳興印刷有限公司
裝　訂／佳昇興業有限公司
排 版 者／千兵企業有限公司
2版1刷／2020年（民109）6月

定　價／250元

大展好書　好書大展
品嘗好書　冠群可期